Für Christine, Vincent und Raffael als Erinnerung an drei Jahre Abenteuer

Matthias Geidel

Als Expat in den USA

Zwischen Hightech und Dritter Welt

© 2017 Matthias Geidel
Umschlag, Illustration: Matthias Geidel
Lektorat: Katharina Holert, Vincent Geidel
Umschlagfoto: Silke Baasch

Verlag: tredition GmbH, Hamburg

ISBN
Paperback   978-3-7439-5379-6
Hardcover   978-3-7439-5380-2
e-Book   978-3-7439-5381-9

Dieses Buch wurde mit dem freien Office Paket
LibreOffice 5.3.4 der Document Foundation mit
Sitz in Berlin erstellt.

Druck in Deutschland und weiteren Ländern

Inhaltsverzeichnis

Vorwort

Unser dreijähriger Aufenthalt von 2012 bis 2015 in Seabrook, einer Kleinstadt 10 Meilen südöstlich von Houston, bildete die Grundlage für dieses Buch. Unsere Abenteuer als Familie mit zwei schulpflichtigen Kindern habe ich in einem Blog auf unser Webseite festgehalten, um Verwandte und Freunde während unserer Abwesenheit auf dem Laufenden zu halten. Diese haben mich letztlich dazu ermutigt, ein Buch über unser Leben als Expatriats (oder "delegiertes Auslandspersonal", abgekürzt Expats) zu schreiben. Christine war dabei die Delegierte, die hier für ihren deutschen Arbeitgeber berufstätig war. Ich habe drei Jahre Auszeit genommen, um als Hausmann (oder homemaker) den Haushalt und die Kinder zu jonglieren. Christine und ich waren bereits in den 90ern in den USA, jedoch als Singles, ohne Kinder und nicht in Texas. Diesmal waren die Randbedingung ganz anders. Das Buch schildert ausdrücklich nicht Christines Erfahrungen im Berufsleben. Darüber könnte sie ein eigenes Buch schreiben. Das Buch schildert manche Themen pauschal und plakativ und einige Leser werden eine differenzierte Betrachtung vermissen. Dieser Eindruck mag entstehen, ist aber nicht beabsichtigt. Die USA sind riesig, vielfältig, fortschrittlich und konservativ zugleich und mir ist bewußt, daß es die Amerikaner nicht gibt, genauso wenig wie die Deutschen. Es gibt immer Ausnahmen von den im Buch geschilderten Erfahrungen.

Das Buch möge denjenigen als Ratgeber dienen, denen ein Auslandsaufenthalt bevorsteht und die sich vorbereiten möchten. Für alle anderen ist dies eine unterhaltsame Lektüre über das vorübergehende Leben in einer anderen Welt.

1 Houston

Meine Frau Christine kam eines Abends von der Arbeit nach Hause und fragte, ob wir uns ein vorübergehendes Leben in Shanghai vorstellen könnten. Das hat mich nicht überrascht. Seit Jahren schwebte das Damoklesschwert eines bevorstehenden Umzugs ins Ausland über uns. Von Mexiko war mal die Rede, irgendwann kam Singapur ins Gespräch, aber Christine hatte bisher immer gute Ausreden. Den Kindern hatten wir nie etwas gesagt – bis jetzt. Als wir ihnen erklärten, daß wir sehr wahrscheinlich nach China ziehen werden, waren sie nicht begeistert. Raffael, unser Jüngster, meinte, da zieht er nicht hin. "Die haben nur Geheimschrift." Erst ein Blick auf die Webseite der Deutschen Schule in Shanghai hat sie überzeugt. Vincent, unser Ältester, las laut vor, was dort stand: Jeder Schüler bekommt von der Schule einen Laptop. Damit war das Thema eigentlich schon erledigt. Wir bereiteten uns alle mental auf drei Jahre China vor. Daraus wurde allerdings nichts. Die Stelle, für die Christine vorgesehen war, wurde anderweitig besetzt und jetzt war plötzlich Houston im Angebot. Wir fanden uns also mit Houston ab, obwohl wir uns auf etwas Exotischeres eingestellt hatten. Die Kinder fanden Houston gut, weil sie die USA besser fanden, als ein Land mit Geheimschrift. Wir ahnten nicht, wie exotisch es noch werden sollte. Wir zogen nicht in die USA, wir zogen nach Texas.

Also warf ich alles über Bord was wir bis dahin an Informationen über Shanghai gesammelt hatten und legte eine ganze Reihe von Bookmarks über Texas im allgemeinen und Houston im besonderen an. Wir hatten 4 Monate Zeit den Umzug vorzubereiten und alles Notwendige zu lernen, wie man ein Leben im Ausland organisiert – und wie man sich auf Hurrikane vorbereitet.

Der Umzugstermin sollte in den Sommerferien stattfinden, um einen reibungslosen Übergang von der deutschen auf die amerikanische Schule zu gewährleisten. Unser Haus in Deutschland musste vermietet und die Autos verkauft werden. Unsere Elektrogeräte mussten ins Lager, weil amerikanische Haushaltsgeräte mit 120V und 60Hz betrieben werden. In Houston benötigten wir ein neues Haus, neue Autos, eine neue Schule und neue Elektrogeräte. Die erforderliche Abarbeitung der Aktivitäten war gar nicht so schwierig. Viel zeitaufwändiger war es, herauszufinden, wie es geht.

Houston ist mit etwa 6 Millionen Einwohnern die viertgrößte Stadt der USA und liegt im Südosten des Bundesstaates Texas am Golf von Mexiko.

Brachten wir Texas bisher mit Prairie und trockenem Klima in Verbindung, so mussten wir jetzt lernen, dass der Südosten von Texas subtropisch ist. Houston liegt in einem ehemaligen Sumpfgebiet und wird von mehreren Bayous durchflossen, die das umgebende Land entwässern. Im Sommer ist es sehr heiß und feucht, im Winter fallen die Temperaturen selten unter 5°C und Weihnachten bei 20°C ist nicht ungewöhnlich. Starke Regenfälle im Sommer, begleitet von heftigen Gewittern, sind keine Seltenheit. 9 Monate im Jahr ist das Wetter aber sehr angenehm. Der Besuch des Kammerjägers einmal im Jahr ist ein absolutes Muß, um Termiten und Kakerlaken fern zu halten. Kakerlaken sind Schädlinge, die keinen großen Schaden anrichten. Termiten aber fressen das Haus weg. Der Großraum Houston beheimatet Alligatoren, Schlangen, Geier und Kojoten.

Texas wiederum ist der zweitgrößte Bundesstaat nach Alaska und ist ungefähr doppelt so groß wie Deutschland, hat jedoch nur 28 Millionen Einwohner. Die Bevölkerungsdichte von Texas liegt bei 41 Einwohnern pro km², die von Deutschland bei 226 E/km². In Texas ist also ganz viel Platz. Durch seine enormen Erdöl- und Erdgasvorkommen ist Texas außerdem der reichste Bundesstaat der USA und hat deshalb einen großen politischen Einfluß. Texas war vor dem mexikanisch-amerikanischen Krieg eine unabhängige Republik (1836-1845) und hat dann die USA um "Eingliederung" gebeten, um im Kampf gegen die Mexikaner Unterstützung zu bekommen. Texas bezeichnet sich als: "The Lone Star State". Eigentlich möchten die Texaner mit den anderen Bundesstaaten nicht viel zu tun haben und sehen sich selber als etwas ganz besonderes – was sie zweifellos sind. Deshalb reicht Texas jedes Jahr einen Antrag auf Abspaltung von den USA in Washington DC ein - der jedes Jahr abgelehnt wird. Aufgrund seiner ökonomischen Stärke hätte Texas aber auf jeden Fall die Möglichkeit eigenständig zu überleben. Texas gibt sich selbstbewußt und Floskeln wie "Don't mess with Texas" (Leg Dich nicht mit Texas an) sind in aller Munde. "Think Big, Shine Bright" oder "Big is Better" sind nicht speziell texanische, sondern amerikanische Phrasen.

Texas befindet sich zusammen mit den anderen Südstaaten im Bible Belt (dem Bibelgürtel) der USA. Diese Region zeichnet sich durch konservativen, evangelikalen Protestantismus aus, der eine große Rolle in Gesellschaft und Politik spielt. Die Kirchgängerraten sind höher als im amerikanischen Durchschnitt.

2 Schulauswahl

Der Wohnort richtet sich nach der Schule, in der man seine Kinder anmelden möchte. Jede Schule hat einen Einzugsbereich innerhalb dessen Grenzen man wohnen muss. Die Einzugsbereiche der Elementary Schools (Grundschule) sind am kleinsten, gefolgt von den Intermediate Schools (Mittelschule). Die Grenzen der High Schools sind am größten. In manchen Bezirken oder Bundesstaaten geht man kürzer oder länger in die Grundschule und manchmal gibt es Junior High Schools an Stelle der Intermediate Schools.

Wir haben uns etwa ein Vierteljahr vor dem Umzug Gedanken darüber gemacht, welche Schulen für unsere Kinder in Frage kommen könnten. Bei der Auswahl hat uns die Tatsache sehr geholfen, daß in den USA, dank fehlendem Datenschutzes, Daten über alles erhoben wird, was nicht niet- und nagelfest ist. Es ist das Land mit den meisten Formularen, den meisten Checklisten, den meisten Reports und den meisten Analysen.

Das Bildungsministerium stellt eine Webseite mit einer interaktiven Landkarte zu Verfügung [1] mit der man sich Informationen über die Schulen anschauen kann, die im gewünschten Zielbereich liegen. Hinzu kommen Informationen über den Schulbezirk, die ethnische Verteilung der Schüler, Altersstruktur des Wohnortes, Anzahl der Schüler und des Schüler zu Lehrerverhältnisses. Die Schulen sind einem Schulbezirk zugeordnet und werden vom Vorsitzenden, dem School District Superintendent, geführt. Der Schulbezirk, den wir in die engere Auswahl genommen hatten, war südöstlich von Houston und heißt Clear Creek Independent School District und gehört zum zweitbesten Bezirk in Texas. Im CCISD befinden sich 26 Grundschulen, 10 Intermediate und 7 High Schools.

Sobald man den Namen des Schulbezirks hat, kann man sich über dessen Webseite eine Liste der im Bezirk liegenden Schulen mit deren Ranking (Campus Accountability Rating) anschauen. Das Rating ist eine Qualitätseinstufung der Schulen und erfolgt in „acceptable", „recognized" und „exemplary". Acceptable ist so là là, recognized ist ok und mit exemplary bezeichnet man die besten Schulen im Bezirk. Anhand des Rankings kann man eine vernünftige Vorauswahl treffen und sich die besten Schulen aussuchen. Man hangelt sich dann weiter und besorgt sich die Landkarte mit den Schuleinzugsgrenzen und damit weiß man ziemlich genau, wo das zukünftige Haus stehen

Schulauswahl

muß. Darüber hinaus gibt es ein interaktives Menu für die Schulbushaltestellen und man kann den Weg vom neuen zu Hause bis zur Schulbushaltestelle virtuell abgehen. Und damit hat man einen Schulbezirk, eine Schule und einen möglichen Wohnort gefunden, ohne sich vom Schreibtisch entfernt zu haben.

Eine weitere Möglichkeit eine ausgezeichnete Schule im Bezirk zu finden ist die Suche nach Blue Ribbon Schools [2]. Blue Ribbon Schools sind öffentliche oder private Schulen, die vom Bildungsministerium für herausragende Leistungen gewählt werden. Den Titel behält die Schule für ein Jahr. Zu einer Blue Ribbon School gewählt worden zu sein, ist die höchste Auszeichnung, die eine Schule erhalten kann.

Wir entschieden uns für die Bay Elementary School mit etwa 700 Schülern. Für amerikanische Verhältnisse keine besonders große Schule. Vincent würde noch ein Jahr in der Grundschule verbringen und dann in der 6. Klasse in die Intermediate School wechseln. Diese war noch näher als die Grundschule und hat etwa 1000 Schüler. Jetzt musste nur noch ein Haus her.

Anders als in Deutschland werden die Schulen über die Grundsteuer finanziert, die in ihrem Schulbezirk erhoben wird. Schulen in wohlhabenden Gegenden haben folglich mehr Geld zur Verfügung als Schulen, die in ärmeren Schulbezirken liegen. Und je besser die Schulen sind, desto mehr Eltern wollen in diesen Bezirken wohnen und tragen damit zu höheren Einnahmen für die Schulen bei.

3   Unser Haus

Mit der Vorauswahl der Schulen und einer Liste der in Frage kommenden Häuser im Gepäck sind Christine und ich dann 2 Monate vor dem geplanten Umzugsdatum nach Houston geflogen, um die Maklerin zu treffen. Außerdem war geplant, die wichtigsten Formalitäten anzuleiern: Wir benötigen eine Sozialversicherungsnummer, ein Bankkonto, eine Kreditkarte und einen Führerschein.

In den USA gibt es kein Meldewesen. Deshalb benötigt man für die Beantragung des Führerscheins zwei Nachweise für den Wohnsitz. Besteht ein Haushalt aus zwei Personen, die einen Führerschein benötigen, dann sollte eine Person Gas und Wasser anmelden, die andere Person Strom und Müllentsorgung. Mit den Nachweisen geht man zum Department of Motor Vehicles und kann den Führerschein beantragen. Der Führerschein dient ebenfalls als Personalausweis. In Texas wird der Führerschein einfach gegen den deutschen eingetauscht, ohne daß eine Fahrprüfung gemacht werden muß. Den deutschen Führerschein erhält man bei Rückzug nach Deutschland von der ausstellenden Behörde zurück, wenn der Auslandsaufenthalt nicht länger als fünf Jahre dauert. Das funktioniert tatsächlich.

Das Haus, in das wir schließlich einzogen, hatten wir über das Internet ausgesucht. Es steht auf Stelzen, weil es im Überflutungsgebiet direkt am Meer liegt. Falls ein Hurrikan kommen sollte und es nicht weg fliegt, kann kein Wasser ins Innere laufen. Häuser in einem Überflutungsgebiet ohne Stelzen können nicht versichert werden.

Alle Häuser sind aus Holz als tragender Struktur mit einer Wandstärke von etwa 15cm. Auf dem Holz wird eine Folie als Dampfsperre befestigt, dann folgt eine 3cm dicke Styroporplatte und anschließend Putz oder Klinker.

Unser Haus hat insgesamt 50 Fenster in drei unterschiedlichen Ausführungen: Fenster die man zum Öffnen nach oben schiebt, welche, die man nicht öffnen kann und solche, die mit einer Handkurbel nach außen geöffnet werden. Die nach außen zu öffnenden Fenster werden mit einem kleinen Metallhebel and den Holzrahmen gedrückt und verriegelt. Die Scharniere und Schrauben sind Wind und Regen ausgesetzt und der Fensterrahmen schon etwas morsch. Beim ersten Öffnen hatten wir Angst, dass uns einige Fenster in den Garten fallen könnten und lassen sie fortan geschlossen. Wir haben gelernt, dass Fenster eigentlich gar nicht geöffnet werden. Im Winter ist die Heizung in Betrieb und während des Sommers läuft die Klimaanlage pausenlos. Beim ersten Handwerkerbesuch habe ich mich sofort als Ausländer geoutet. Beim Eintreten hat mich der Klempner während des morgendlichen Lüftens auf die geöffneten Fenster aufmerksam gemacht und gefragt, was das soll. Das Putzen der Fenster ist ein Kapitel für sich. Für die Fenster, die sich nicht öffnen lassen, benötigt man entweder eine lange Leiter, man steigt auf das Dach oder man lässt es gleich bleiben, so wie die meisten unserer Nachbarn.

Energetisch betrachtet kommen die Häuser Holzzelten sehr nah. Im Winter zieht es fürchterlich, weil die Fenster nicht richtig schließen und im Sommer zieht es, weil die Klimaanlage in Betrieb ist. Die Klimaanlage wird mit Strom und die Heizung mit Gas, oder in kleineren Häusern ebenfalls mit Strom, betrieben. Im Hochsommer haben wir einen Verbrauch von 5000 kWh pro Monat. Sonnenkollektoren zur Warmwasseraufbereitung oder zur Stromerzeugung findet man im sonnigen Texas nicht. Die Energiepreise liegen etwa bei 30% der deutschen Kosten. Dennoch sind unsere jährlichen Energiekosten höher als in Deutschland, weil die Wärmeverluste um ein Vielfaches höher liegen und das Haus mit 450qm Wohnfläche geringfügig größer ist als unser Heim in Deutschland. Es muß erwähnt werden, daß man als Expat ein sehr komfortables Leben führt. Die Miete für das Haus zahlt Christines Firma. In Energieeffizienz scheint nicht investiert zu werden. Die Warmwasseraufbereitung in unserem Haus hat deshalb einen technischen Stand von vor 40 Jahren. Es gibt einen Ein-Aus-Schalter und ein Thermostat für kalt, warm und heiß. Das war es.

Standardmittelschichthäuser sind groß und haben ab 200qm Wohnfläche aufwärts. Die Deckenhöhe liegt in den kleineren Zimmern bei etwa 3m, Wohnzimmer und Eingangsbereich haben etwa 5m Höhe. Amerikaner lieben große, hohe Eingangshallen. Man fühlt sich wie in einer Villa. Zu jedem Schlafzimmer gehört ein Badezimmer, damit man sich nicht nackt über den Weg läuft. Kinder sehen ihre Eltern nie nackt. Die Küche ist zum Wohnraum immer offen und voll eingerichtet. Schränke sind praktischerweise komplett integriert. Zum Elternschlafzimmer gehört meist ein begehbarer Kleiderschrank. Ebenfalls sehr praktisch sind die Pantries. Das sind kleine Abstellräume die man für Putzsachen oder zur Vorratshaltung nutzen kann. Es gibt oft zwei Wohnzimmer (Living Room und der Den) oder einen zusätzlichen Multimedia Raum.

Küchengeräte im Retrostyle sind in Deutschland wegen ihres nostalgischen Designs sehr beliebt. In den USA gibt es den Retrostyle seit den 50ern. Die Technik hat sich seit dem nie geändert. Waschmaschinen haben keine eigene Heizung. Sie werden an das Warmwassernetz angeschlossen. Man hat dann die Wahl zwischen kalt, warm und heiß. Welcher Temperatur das entspricht, hängt von der Heißwassertemperatur im Haus ab. Man hat die Wahl zwischen Toplader und Frontlader. Die Frontlader sind wie bei uns und die Toplader sind eine amerikanische Spezialität und werden von oben befüllt. In der Mitte der Trommel bewegt sich ein Quirl, der die Wäsche im Kreis schiebt. Die Wäsche wird dabei ohne die übliche Chlorbleiche garantiert nicht weiß. Bei einem Haushaltsgerät sind die Amerikaner aber absolut unschlagbar: Der Kühlschrank! Die Kühlschränke sind monströs, sehr komfortabel und meist mit integriertem Eiswürfelzubereiter ausgestattet. Ohne Eiswürfel geht hier gar nichts und Amerikaner trinken alles eisgekühlt. Falls man das Wasser aus dem Hahn nicht trinken kann, kauft man sich Eiswürfel als Sackware im Supermarkt. Die Getränkeverpackungen, die im Kühlschrank Platz finden müssen, sind größer als in Deutschland. Der Standardmilchbehälter aus dem Supermarkt fasst 1 Gallone, also fast 4 Liter.

Die Fertigstellung eines Hauses in Holzständerbauweise dauert etwa 6 Monate. Dann ist es bezugsfertig. Selten werden Häuser nach den Wünschen des zukünftigen Bauherren gebaut. Hier gilt das selbe Prinzip wie beim Auto kaufen. Man schaut sich fertiggestellte Häuser an, kauft und zieht ein. Ganze Neubaugebiete werden von Investoren einzugsfertig auf den Markt gebracht. In Houston gibt es keine Bebauungspläne oder Bauauflagen, so daß man bauen kann, wo man will. Die kurze Zeit bis zur Fertigstellung und die kostengünstige Bauweise sind finanziell attraktiv. Je nach Lage können sich auch Familien mit niedrigem Einkommen ein Haus leisten. In einem Vorort von Houston bekommt man derzeit 10 Jahre alte Häuser mit 300qm Wohnfläche, 1000qm Grundstück, 4 Zimmern mit jeweiligem Bad und Pool im Garten für umgerechnet EUR 300.000.

Die hohe Luftfeuchtigkeit und die Nähe zum Meer führen dazu, dass die Häuser nicht lange halten. Älter als 20 Jahre sollte ein Haus nicht sein, wenn man eines kaufen möchte. Die Klimaanlage sollte im Sommer auch während längerer Abwesenheit eingeschaltet bleiben, um Schimmelbildung vorzubeugen.

Ein Möbelstück ist in keinem Haus vorhanden: Garderoben. Arztpraxen, Schulen, Theater und Kinos haben keine Garderobe.

4 Kulturunterschiede

Amerikaner und Europäer gehören zum „westlichen" Kulturkreis und damit wird suggeriert, daß wir gemeinsame moralische, ethische und gesellschaftliche Werte haben. Weit gefehlt. Anglo-Amerikaner unterscheiden sich stark von Nord- und Südeuropäern. Der Niederländer Geert Hofstede [3] hat in seiner Forschung unterschiedliche Kulturen miteinander verglichen und bewertet. In der Kategorie „Individualismus" belegen die USA weltweit Platz 1, gefolgt von den angloamerikanischen Ländern Großbritannien, Kanada, Neuseeland und Australien. Das heißt, das individuelle Interessen denen der Gemeinschaft übergeordnet sind. Das erklärt, warum Solidarsysteme argwöhnisch als kommunistisches Teufelszeug betrachtet werden. Jegliches Handeln, vor allem in den Südstaaten, dient dem Individuum und nicht der Gemeinschaft, sowohl im beruflichen als auch privaten Bereich. Investitionen die der Gemeinschaft zu Gute kommen, sind suspekt. Das ist durchaus berechtigt, in einem Land, in dem es keine sozialen Absicherungsmaßnahmen gibt. Amerikaner sind Individualisten auf dem Weg zur ersten Million. Obwohl: Hier gibt es eine große Einschränkung. Amerikaner verabscheuen die Finanzierung aus Steuergeldern, weil andere Personen die Entscheidung treffen, wer Nutznießer ist. Wenn Amerikaner selbst entscheiden können wem sie ihr Geld geben, dann ist ihre Hilfsbereitschaft enorm. Spenden an Schulen, Kirchen, Orchester oder öffentlich-rechtliche Medien sind beispiellos. Auch Familien mit geringem Einkommen spenden einen beträchtlichen Anteil an Organisationen ihrer Wahl. Dafür sind die Steuern niedriger und speziell in Texas gibt es keine State Tax. Deutsche zahlen mehr Steuern und erwarten, dass alles aus Steuern bezahlt wird. Entsprechend kläglich ist die Spendenbereitschaft.

Wenn man das erst mal amerikanischen Boden betritt, dann sieht man Fahnen, überall Fahnen. Jede Firma hat eine Fahne vor dem Gebäude, in den Vorgärten hängen Fahnen und natürlich vor öffentlichen Gebäuden. Bei den amerikanischen Autoherstellern sind die Fahnen am größten – deren Fläche ist so groß wie ein Tennisplatz. Patriotismus wird groß geschrieben und hält die unterschiedlichen ethnischen Gruppen zusammen.

Generell ist der Umgang mit Amerikanern immer nett, höflich, respektvoll und ungezwungen. Sie sind Meister des Small Talk und nach außen immer gut gelaunt. Was für Deutsche zunächst sehr befremdlich ist, ist das die Leute überall miteinander sprechen. In der Warteschlange im Su-permarkt, in öffentlichen Verkehrsmitteln, im Fahrstuhl. Es gibt sogar Kurse an der Uni mit dem Titel „Elevator Talk", also wie man im Fahrstuhl belanglose Gespräche führt. Das macht das Mitein-ander sehr, sehr angenehm. Es darf keine peinliche Stille entstehen, weder auf der Arbeit, auf Parties, im Fahrstuhl oder überall sonst, wo sich fremde Menschen treffen. Mein Sohn erzählte letztens, dass es im Schulbus plötzlich ganz still geworden ist, aus welchem Grund auch immer. Sein Nachbar rief: "Awkward moment of silence!". Zwei Sekun-den später war im Bus wieder die Hölle los. Die erste Zeit wurde ich regelmäßig nervös, wenn ich im Supermarkt an der Kasse stand, weil ich genau wusste, das mir die Kassiererin oder spätestens der Tüteneinpacker ein Gespräch reindrückt. Irgend-wann musste ich erzählen, nach welchem Rezept ich das auf dem Band liegende Gemüse zuzuberei-ten gedenke.

Bevor man zur Sache kommt gibt es small talk. Man redet natürlich über das Wetter, über Sport (man sollte sich ein wenig in die Regeln von Foot-ball und Baseball einarbeiten), über Autos und über alle möglichen Sonderangebote (special deals). Tabu sind Politik, Religion und Sex. Es wird immer ein nettes Wort gefunden, es wird nie negativ und nie verbindlich. Direkte, geradlinige Argumentation ist unhöflich. Es wird – nach deutschen Maßstäben – immer um den heißen Brei geredet. Der Konjunktiv ist immer in der Anwendung, das ist direkt genug. Anweisungen werden höflich als Frage formuliert. Als unser Jüngster von seiner Lehrerin gefragt wurde: "Would you like to share your story with us?" hat er mit „Nein" geantwortet und kam in Schwierigkeiten.

Amerikaner sind bedingungslos positiv, selbst nach persönlichen Katastrophen sind sie optimistisch. Das ist für einen griesgrämigen, immer schlecht gelaunten Deutschen sehr anstrengend. Kinder wachsen mit der Regel auf: "Wenn Du nichts Nettes sagen kannst, dann sage nichts."

Im Umgang miteinander sind einige Regeln zu beachten, die einem das Miteinander erheblich erleichtern. Jede Kultur hat ihre Feinheiten. Das was in der Kommunikation zwischen den Zeilen gesagt wird, ist meistens entscheidend. Wie es zu interpretieren ist, hängt vom jeweiligen Kulturkreis ab. Wir können bei Deutschen zwischen den Zeilen lesen, weil wir es durch unser soziales Umfeld gelernt haben. Amerikaner kommunizieren ebenfalls zwischen den Zeilen und verstehen sich wunderbar. Nur wir verstehen sie nicht, weil uns das Wörterbuch fehlt.

Christine wollte lernen, was man sagt, wenn eine Dame ein offensichtlich neues Kleid trägt. Sie hat hierzu eine Mitarbeiterin gefragt. Wenn man sagen möchte, dass das Kleid ganz hübsch ist, es der Dame aber einfach nicht steht, sagt man: "Oh, this is a nice dress!" Wenn das Kleid hübsch ist und es der Dame auch noch gut steht, dann ist ein "Oh, this dress looks nice on you!" angebracht.

Der Lobmaßstab ist radikal verschoben. Da nichts negativ klingen darf müssen negative Dinge positiv ausgedrückt werden. Das zwingt dazu, gute Dinge noch positiver darzustellen. Das ist ungefähr so wie in einem deutschen Arbeitszeugnis. Das höchste Lob ist: Excellent, Awesome, Outstanding und nimmt dann in der Reihenfolge Great, Good, OK ab. OK ist dabei schon ziemlich negativ. Deutsche, deren höchstes Lob aus einem "Nicht schlecht" besteht, tun sich hier ein bisschen schwer. Meine Nichte wurde einmal im Restaurant nach ihrer Zufriedenheit mit dem Essen gefragt. Bevor ich sie einweisen konnte, antwortete sie mit "OK". Kurze Zeit später hatten wir den Geschäftsführer auf dem Hals, der fragte, was sie zu bemängeln hätte.

Amerikaner sind Meister der Selbstdarstellung. Das gehört zum guten Ton und kann in einem Land, in dem man von einer Minute auf die andere seinen Job los sein kann, überlebensnotwendig werden. Jedes Gespräch könnte sich als ein Vorstellungsgespräch für den nächsten Job herausstellen. Deutsche Bescheidenheit hat eher etwas mit Schwäche und Minderwertigkeit zu tun. Beneidenswert ist, dass Amerikaner aus dem Stand einen Vortrag halten können, ohne nervös zu werden oder sich zu Verzetteln. Die Kinder wachsen schon damit auf und üben es in der Schule regelmäßig, weil freie Rede zum guten Ton gehört. Deutsche würden Einiges für das Talent der freien Rede geben, ohne unmittelbar einen Schweißausbruch zu bekommen.

Zu unserer Einweihungsfeier im neuen Haus haben wir Nachbarn und Arbeitskollegen meiner Frau eingeladen. Einer unserer Nachbarn war pensionierter Ingenieur und arbeitete als Manager bei Exxon. Nebenher war er vor einiger Zeit Bürgermeister von Seabrook. Wir stellten uns einander vor und dann folgte ein etwas längerer Monolog über das, was er alles schon gemacht und erreicht hat in seinem Leben, in welchen Dingen er besonders gut ist und wo seine größten Begabungen liegen. Ich habe mich extrem unwohl gefühlt. Für ihn war dieser Gesprächsverlauf völlig normal und nicht angeberisch gemeint. Er hatte eine gute Zeit.

Zu Beginn war verwirrend, dass bestimmte Dinge permanent angesprochen werden, die man bei uns überhaupt nicht thematisiert. Christine hatte die Lösung: "Diejenigen Dinge werden am meisten angesprochen, die am wenigsten vorhanden sind. Sonst müsste man nicht ständig darüber reden."

"Obey traffic signs, it is the law" sind Verkehrsschilder, die in regelmäßigen Abständen an der Straße stehen. „It is the law" kommt in Kurzform noch viel häufiger als Begründung für eine Norm vor. In der Schule hörten unsere Kinder permanent "Use common sense", was schwierig ist, bei einem zusammengewürfelten Haufen unterschiedlichster, ethnischer Gruppen. "These are the rules" ist eine ganz praktische Forderung, die keinen Gestaltungsspielraum bietet. Selten werden Dinge hinterfragt. Diskussionen sind nicht beliebt, weil sich unangenehme Meinungsunterschiede herausbilden könnten. Man arbeitet nicht darauf hin, andere zu überzeugen. Mit einem schlichten: „Dies sind die Regeln", weiß jeder was Sache ist. „Teamwork" oder „Team Effort" hört man permanent in einer Gesellschaft aus Einzelkämpfern. In einer Gesellschaft ohne soziales Netz ist sich jeder selbst der Nächste und darauf bedacht, einen Vorteil gegenüber anderen herauszuarbeiten. Das ist eine Arbeitsplatzgarantie. „Sustainablity" oder Nachhaltigkeit ist noch so ein Begriff, den man im Alltag permanent hört. In Texas ist mir nichts Nachhaltiges aufgefallen, aber das mag in fortschrittlicheren Bundesstaaten, besonders in Kalifornien und Neu-England, anders sein.

Das Miteinander ist also immer nett. Oft planlos, aber immer höflich. Fragen werden immer höflich beantwortet, wobei es keine Bedingung ist, dass die Antwort korrekt ist. Viel peinlicher wäre, wenn man eingestehen müsste, dass man keine Antwort auf eine Frage hat.

Oft gestehen Amerikaner wegen des möglichen Gesichtsverlusts keine Fehler ein. Außerdem erhöht ein Eingeständnis das Risiko einer juristischen Klage. "Failure is not an option." Jemand der Fehler zugibt, muss sich in einer sehr verzweifelten Lage befinden. Deutsche, die Fehler ganz offensiv eingestehen ohne mit der Wimper zu zucken, machen Amerikaner sprachlos. Schon Kinder werden niemals mit einem klaren Nein antworten, wenn sie etwas nicht können.

Als Regel im Miteinander gilt: "Blur the receiver, blur the sender". Es wird weichgezeichnet, so dass niemand gekränkt wird und der Umgang immer noch nett bleibt. Es wird nichts direkt angesprochen. Auf die Frage meiner Frau, wie man sich denn ausdrücken muss, um Mitarbeiter zum Arbeiten zu bewegen wenn sie es nicht freiwillig tun, blieb uns unsere Kulturtrainerin eine Antwort schuldig. Sie hat dann selber herausgefunden, dass man dann etwas weniger freundlich werden muss. Vorgesetzte werden oft als unfreundlich, rüde oder "pushy" angesehen.

Amerikaner lieben Einfachheit, Europäer lieben Komplexität und Asiaten Minimalismus [4]. Amerikaner sind Meister darin, komplexe Sachverhalte einfach darzustellen. Es ist ein Genuss, wissenschaftlichen Vorträgen zuzuhören, in denen nachher wirklich jeder verstanden hat, wie Dinge funktioniert. Jeden Morgen gibt es eine zehnminütige Radiosendung auf dem öffentlich-rechtlichen Kanal NPR von der University of Houston über "Engines of our Ingenuity", um die Begeisterung der Zuhörer für Wissenschaften zu wecken. Jeden Freitag gibt es eine einstündige Show, die sich "Science Friday" nennt. Schließlich liefern die Erkenntnisse aus den Naturwissenschaften die Grundlage für unsere Politik. Aber irgendwie scheinen die Amerikaner das Zeitalter der Aufklärung übersprungen zu haben. Aussagen "Ich glaube nicht an Evolution" oder "Ich glaube nicht an den Klimawandel" sind durchaus ernst gemeint und reflektieren nicht die Einstellung einer unbelehrbaren Minderheit.

Kulturunterschiede

Man denkt ernsthaft darüber nach, die Evolution vom Lehrplan der texanischen Schulen zu streichen und durch "Creationism" zu ersetzen. Damit ist die intelligente Schöpfungsgeschichte gemeint.

Leider lässt sich aber nicht alles vereinfacht darstellen. Hier muss man den „Attention Span", also die Zeit, die man sich auf ein Thema konzentrieren kann, berücksichtigen. Länger als 10 Minuten ist selten drin. Danach muss in der Regel eine Entspannungs- oder Werbepause kommen. Trump's Biograph attestiert ihm den Attention Span eines Zweijährigen und die NATO hat die Diskussionsrunden mit Trump auf drei Minuten gekürzt [5].

Die Kehrseite dieser Vereinfachungsphilosophie ist das Unvermögen zu differenzieren. Die Differenzierungstiefe geht über Schwarz und Weiß selten hinaus und die vielen Grautöne lässt man lieber beiseite. Es gibt Gut oder Böse, Freund oder Feind, Richtig oder Falsch. Alles andere ist zu komplex und dann hat man keine Lust mehr.

Eine sachliche, kontroverse Debatte mit Hintergrundinformationen findet im öffentlichen Leben selten statt. Die meisten Diskussionen finden auf emotionaler Ebene statt und sind substanzfrei. Mit Ursachen und Abwägung der Konsequenzen mag man sich nicht beschäftigen. Behauptungen müssen keineswegs den Tatsachen entsprechen. Seit

Trump gibt es den Begriff der „alternative facts". Lieber flott gelogen als lange nachgedacht. Der Gesprächspartner kann meist nicht schnell genug parieren. Wenn sich dann später herausstellt, dass falsche Behauptungen aufgestellt wurden, dann ist es sowieso zu spät. Werden Politiker zu sehr in die Enge getrieben, dann wird der Joker gezogen: entweder die Patriotenkarte oder die Karte für nationale Sicherheit. Es wird polarisiert wenn einem die Argumente ausgehen.

Weitere kulturelle Unterschiede zwischen Deutschen und Amerikanern sind Warteschlangen und der damit verbundene, persönliche Freiraum. Amerikaner stehen, genauso wie die Briten , zivilisiert in einer Reihe an und nicht in einer großen, ungeordneten Gruppe. Wenn man nicht weiß, wo das Ende der Schlange ist, darf man höflich danach fragen.

Der Freiraum, den Amerikaner als noch angenehm empfinden, ist größer als bei Europäern und Asiaten. Man gewöhnt sich an den größeren Radius sehr schnell und fühlt sich selber ziemlich unbehaglich, wenn man zu viel Tuchfühlung hat. Dieser Freiraum ist so groß, dass Deutsche eine Lücke in einer Schlange vermuten wo gar keine ist. Im Gegensatz zu Deutschland gilt Vordrängeln als extrem unhöflich. Ich wünschte, dass wäre in Deutschland ähnlich.

Hände schüttelt man sich wenn man sich gerade kennenlernt und danach nie wieder. Trifft man Leute erneut, die man schon einmal getroffen hat, führt erneutes Händeschütteln zur Verwirrung.

Amerikaner haben eine andere Schwelle für Gerüche, die sie als unangenehm empfinden, als wir. Das schlimmste was passieren kann ist Schwitzen. Einer Umfrage zur Folge fürchten sich 30% der Amerikanerinnen im Fitnessstudio davor, dass sie anfangen könnten, zu schwitzen. Wenn sich ein Amerikaner nicht wohl fühlt, dann sagt er „Ich schwitze!" und alle Umstehenden haben sofort Mitleid mit ihm. Unser Kinder wurden deshalb dazu verdonnert, öfters zu duschen und jeden Tag andere Sachen anzuziehen. Im Schulbus ist unser Jüngster schon mal darauf angesprochen worden, dass er dieselben Socken wie am Vortag trägt. Das war ihm sehr unangenehm. Er trägt seit dem nur noch schwarze Socken.

Im Science Unterricht in der Schule wird die Standardzimmertemperatur mit 65° Fahrenheit angegeben. Das sind 18° Celsius. Das ist der Grund warum Europäer, die sich in den USA aufhalten, spätestens nach 3 Tagen krank sind. Egal, ob man im Theater, im Büro oder im Restaurant sitzt, es ist immer kalt und es zieht. Deswegen nehmen wir, wenn wir Essen gehen, immer warme Sachen mit. Auch im Supermarkt sollte man immer eine Jacke dabei haben.

Man legt sehr großen Wert auf eine keimfreie Umgebung. Deshalb stehen im Eingangsbereich öffentlicher Gebäude Desinfektionsmittelspender (Sanitizer). Im Sekretariat der Schule, natürlich beim Arzt und im Supermarkt, wo man mit Desinfektionstüchern den Griff vom Einkaufswagen abwischen kann. Letzteres würde ich in Deutschland sofort einführen. Wer seine Portion Sanitizer stets dabei haben möchten, für den gibt es kleine, schicke Sanitizer Fläschchen, die man an der Handtasche befestigen kann. Meinen Kindern habe ich erklärt, dass Sanitizer eine tolle Sache ist, wenn man keine Gelegenheit hat, sich die Hände zu waschen. Zu Hause sollen sie Wasser und Seife benutzen. Schließlich seien keine Keime auf sauberen Händen besser als tote Keime auf schmutzigen Händen. Das haben sie verstanden.

Alle verfügbaren Putzmittel - selbst Möbelpolitur - verweisen auf das Abtöten oder Entfernen von 99% der Keime. Das trifft für biologisch abbaubare Produkte zu wie für die chemische Keule – die Chlorbleiche. Diese erfreut sich immer noch unbegrenzter Beliebtheit und wird zum Putzen als auch als Zusatz für die Waschmaschine benutzt, weil sonst die Wäsche nicht weiß wird.

Nach diesen strengen Hygienestandards ist es dann überraschend festzustellen, dass Hotel Swimming Pools, Spas und öffentliche Schwimmbäder der Gemeinden, keine Duschen haben. Die Pools werden, zum Beispiel nach dem Skifahren, ungeduscht benutzt.

Die Erfahrungen mit Handwerkern, Werkstätten und Kollegen zeigen, dass Termine etwas Unverbindliches sind. Termine scheinen nicht notiert zu werden, oder sind unwichtig. Die Wahrscheinlichkeit, dass ein Termin stattfindet, steigt mit der Anzahl der Erinnerungen dieses Termins. An Arzttermine wird grundsätzlich 2 oder 3 Tage vorher erinnert, per Telefonanruf und per Email. Man erhält entweder eine automatische Bandansage oder einen Anruf vom Praxispersonal. An Termine mit Handwerkern wird – wenn es gut läuft – einen Tag vorher erinnert und erneut 30 Minuten vor Eintreffen.

Raffael hatte einen Arzttermin in Houston und wir waren etwa eine Stunde unterwegs, bis wir in der Praxis lernten, dass der Arzt abwesend ist. Wir hatten zwar einen Termin, aber wir erhielten keine Erinnerung. Irgendwann machte ich einen Handwerkertermin drei Wochen im voraus. Ich rief ihn

2 Tage vorher an, um ihn an den Termin zu erinnern. Er war sehr dankbar für die Erinnerung, weil er nicht gedacht hatte, dass die 3 Wochen schon verstrichen waren. Es scheint üblich zu sein, daß Leute ihre Termine nicht einhalten oder vergessen. Unsere Zahnärztin erinnert ihre Patienten einen Tag im voraus and einen bevorstehenden Termin, weil sonst ein Drittel der Patienten nicht auftaucht.

Heute hatte ich einen Termin in der Werkstatt, zu dem ich seit vier Wochen vier Erinnerungen erhielt mit der Bitte um Bestätigung. In der Werkstatt angekommen fragte ich meinen Kundendienstbetreuer, ob er denn Probleme mit No-Shows hat. Ich sei durch die Erinnerungen schon ein bisschen genervt. Er sagte, dass gerade gestern von 15 Kunden die einen Termin hatten, nur 6 erschienen seien.

In den USA gibt es eine sehr strikte Trennung von Staat und Kirche. Religionsunterricht in der Schule ist undenkbar. Kirche und Glaube sind reine Privatsache. Die amerikanische Gesellschaft ist sehr religiös und – nach außen hin – sehr prüde. Im Bibelgürtel ist dies noch viel stärker ausgeprägt als in den anderen Regionen der USA. Ordnet man in Deutschland die Katholiken dem konservativen und die Protestanten (Lutheraner) eher dem liberalen Lager zu, so ist es in den USA genau umgekehrt. Katholiken sind eher liberal, die Protestanten sind konservativ. Das kommt daher, daß die protestantischen Splittergruppen, die in Europa im 17. und 18. Jahrhundert wegen ihres vom mainstream abweichenden Glaubens verfolgt wurden, in die USA ausgewandert sind.

Die größte christliche Gruppe in den USA ist die römisch-katholische Kirche mit ca. 40%. Die zweitgrößte christliche Gemeinschaft sind die Baptisten (22%), gefolgt von den Methodisten (8%), Pfingstgemeinden (7%), den Lutheranern (5%) und Mormonen (3%). So ganz zur Trennung von Staat und Kirche passt es dann nicht, dass auf den Geldmünzen „God bless America" steht und das Reden von Politikern mit dem selben Spruch enden.

Die USA sind neben Liberia und Myanmar die einzigen Staaten, die das metrische System noch nicht vollständig übernommen haben. Hier gilt das Customary Units System mit Gallonen, Fluid ounces, cups, inches, foot, BTUs etc. Der Metric Conversion Act wurde 1975 verabschiedet, spielt aber im öffentlichen Leben keine Rolle. Einzig in der Wissenschaft hat sich das metrische System durchgesetzt. Die letzte Petition das metrische System einzuführen, wurde 2013 eingereicht. Die Anzahl der eingereichten Unterschriften hat die Schwelle überschritten, die nötig war, den Präsidenten zu einer offiziellen Stellungnahme zu nötigen. Die Antwort war, dass die Verwendung des metrischen Systems Privatsache ist, der Staat wird keine Maßnahmen ergreifen [6]. Derweil lernen unsere Kinder in der Schule die Umrechnung von Unzen, Cups, Quarts und Gallonen.

Amerikaner verlassen sich nicht auf die Polizei, wenn es um die Verteidigung ihres Besitzes oder ihrer Familie geht. Der 2. Zusatz zur Verfassung (2nd amendment) sichert ihnen das Recht zu, eine Waffe zu tragen. Das ist deren heilige Kuh wie bei uns ein Tempolimit auf den Autobahnen. Seit April 2015 dürfen in Texas Waffen offen in einem Holster getragen werden [7]. Die Waffenlobby spricht von historischem Fortschritt. Einige Geschäfte oder Häuser haben ein Schild im Vorgarten stehen, auf dem ein Revolver abgebildet ist mit dem Text: „We do not call 911." 911 ist die Notrufnummer wie bei uns die 110. Soll heißen, sie rufen nicht die Polizei, sie greifen selbst zur Waffe. Alle Arten von Waffen sind im Supermarkt käuflich zu erwerben, vom kleinen Revolver bis zum Schnellfeuergewehr. Am Zeitungsstand im Supermarkt gibt es dutzende Magazine über Waffen zum Jagen, zur Verteidigung, zum taktischen Einsatz. Wenn wir unsere Kinder zum Spielen zu Freunden fuhren deren Eltern wir noch nicht kannten, haben

wir gefragt, ob Waffen frei zugänglich herumlie-
gen. Das war sehr direkt, wahrscheinlich rüde,
aber jeder hat die Besorgnis verstanden.

5   Bürokratie

Die Mehrheit der Amerikaner ist unpolitisch und sehr fromm. Sie wollen mit der Regierung nichts zu tun haben und erwarten, dass man sie in Ruhe lässt. Sie möchten alles selbst regeln und in die Hand nehmen. Die Regierung wird als ein Apparat betrachtet, dessen Haupttätigkeit in der Verschwendung von Steuergeldern besteht. Sie möchten sich nicht auf den Staat verlassen, wenn es um Ihr Wohl geht und betrachten jede Einmischung des Staates mit Argwohn. Die deutsche Angewohnheit nach dem Staat zu rufen, wenn es einem schlecht geht, ist ihnen absolut fremd.

Der Staat sieht seine Rolle nicht darin, übergreifende Regelwerke zu schaffen, sondern es den Menschen oder Firmen selbst zu überlassen, sich Regeln und Normen zu schaffen. Die Regierung hat deshalb den Bundesstaaten einen großen Freiraum in der Gesetzgebung überlassen. Die Bundesstaaten haben ihre eigene Gesetzgebung und können sogar den Landkreisen (Counties) oder Städten eigenständige Gesetzesinitiativen überlassen. Diese Gesetze sind nicht hierarchisch und ein County kann beispielsweise eine Umweltschutzrichtlinie haben, die dem Bundesgesetz wider-spricht.

Alle Arbeitsabläufe, ob im Büro oder in der Schule, sind standardisiert. Während unseres Auf-enthalts hatte ich den Eindruck, dass man ver-sucht, alle Antworten auf Fragen des täglichen Le-bens mit Checklisten zu beantworten.

Schwierig wird es, wenn Probleme zu lösen sind, die in den Checklisten nicht existieren. Ame-rikaner sind keine Freunde selbständigen Denkens oder größerer Gestaltungsspielräume. Das kann den Arbeitsplatz gefährden. Jegliches Handeln muss rechtlich abgesichert sein, weil hinter jeder Ecke ein Anwalt lauert, dessen Einkommen von der Höhe des Streitwertes abhängt. Deshalb arbei-tet man hier am liebsten nach Vorschrift. Anderer-seits sind Amerikaner sehr flexibel in der Umge-hung bestehender Regeln, wenn diese den tägli-chen Umgang betreffen und nicht unbedingt ar-beitsplatzgefährdend sind. Die Einforderung von Regeln gilt jedoch als sehr unhöflich und deshalb besteht man nicht darauf. Handeln nach Augen-maß oder nach gesundem Menschenverstand (common sense) ist schwierig, weil die unter-schiedlichen ethnischen Gruppen unterschiedliche Maßstäbe und Wertvorstellungen haben.

Neben der Verrichtung seines Jobs spielt „Socializing" im Berufsleben eine wichtige Rolle. Das ist der Plausch mit den Kollegen und mit den Chefs, um Kontakte zu pflegen oder neue Kontakte zu schaffen. Social Networking ist ein integraler Bestandteil des Arbeitslebens und wichtig für die persönliche Karriere. In einem Land mit einer Kündigungsfrist von 10 Tagen ist die gegenseitige Loyalität begrenzt. Warum soll man sich als Arbeitnehmer ins Zeug legen, wenn man kurzfristig vor die Tür gesetzt werden kann? Warum soll man in Mitarbeiter investieren, die vielleicht am nächsten Tag nicht mehr auftauchen, weil sie etwas besseres gefunden haben? Der Arbeitsmarkt bietet hier eine enorme Flexibilität, die bei uns undenkbar ist.

6 Das Land als Firma

Wir wohnten gerade mal eine Woche in unserem Haus als unser Nachbar sagte: "Matthias, das hier ist kein Land im traditionellen Sinne. Das ist eine Firma. Daran musst Du Dich gewöhnen." Das stimmt. Das oberste Ziel menschlichen Daseins scheint zu sein, möglichst viel Geld zu verdienen und schnell reich zu werden. Es geht permanent ums Geld. Wenn man den Begriff Bürger gegen Verbraucher austauscht, versteht man einiges besser.

Amerikaner sind sehr kreativ und risikobereit, wenn es um die Entwicklung von Geschäftsideen geht. Sie sind geborene Unternehmer. Es wird immer eine Gelegenheit gesucht, um eine eigene Firma zu gründen und die Randbedingungen, an Startkapital zu kommen, sind günstiger als in Deutschland. Viele Dinge, die in Deutschland kostenlos zu haben sind und als Hobby nebenbei entwickelt werden, sind hier Ergebnis kleinerer Unternehmen. Überraschenderweise nimmt jedoch die Anzahl der selbständigen Unternehmer, verglichen mit anderen Industrienationen, stetig ab und ist nur noch halb so hoch wie im EU Durchschnitt. Im OECD Vergleich ist die Selbständigenquote in den USA am niedrigsten [8]. Möglicherweise ist das eine Konsequenz der allgegenwärtigen Ketten und Monopole. Amerikanern ist zwar nichts so heilig wie Vielfalt und Auswahl und nichts so verhasst wie Regulierung und Preisbindung. Man lernt, dass es das nur geben kann in einer freien Marktwirtschaft. Der Vielfalt stehen aber die Ketten entgegen. Sie haben die Ketten erfunden und absolut perfektioniert! Neben den bei uns ebenfalls bekannten Ketten, wie die Restaurantketten, Werkstattketten, Tierfutterketten, Schuhladenketten und Supermarktketten gibt es hier noch viel mehr Ketten. Ketten für Dachdecker, Klempner, Kammerjäger, und Matratzen. Die Vielfalt wird durch die Ketten und die damit verbundene Monopolisierung eingeschränkt. Es sieht alles irgendwie gleich aus, es gibt überall sehr ähnliche Produkte und manchmal hat man auch nur die Wahl zwischen einigen wenigen Artikeln. Ich war überrascht von der Auswahl von Lichtschalter Dekors. Unser Baumarkt um die Ecke hat ganze 4 Modelle im Angebot. Den lokalen Bäcker, Metzger oder den Blumen- und Gemüseladen gibt es nicht mehr.

Aus wirtschaftlicher Sicht ist die enge Kooperation zwischen Politik und Wirtschaft absolut positiv. Gesetzesvorlagen lassen sich durch eine enge Zusammenarbeit viel besser auf die Bedürfnisse der Industrie anpassen und im Gegenzug wird die Politik finanziell unterstützt. Außerdem darf man nicht vernachlässigen, dass die Industrielobby zur Ausbildung der Politiker beiträgt. Die meisten Kongressabgeordneten sind zu Zweidritteln ihrer Zeit mit dem Eintreiben von Geldern beschäftigt und haben keine Zeit oder die Qualifikation sich in technische, wirtschaftliche oder rechtliche Fachgebiete einzuarbeiten [9].

Grundsätzlich verschieden sind das amerikanische und das deutsche Geschäftsmodell. Letzteres hat den Schwerpunkt auf Produktqualität, Entwicklung, Nachhaltigkeit und Effizienzsteigerung, um sich einen Wettbewerbsvorteil zu verschaffen. In den USA geht es um Marktanteil und das Anstreben von Monopolen. Finanzielle Mittel werden nicht in die Entwicklung reinvestiert, sondern in den Kauf des Wettbewerbs gesteckt. Monopole zu bilden ist keineswegs anrüchig und wird von Wirtschaftsprofessoren unterstützt [10], weil Monopole eine Gewinnmaximierung bei gleichzeitiger Kostenreduktion und niedriger Qualität erlaubt. So wird der Wettbewerb, der den Amerikanern so heilig ist, konsequent eliminiert. Mein Eindruck ist, daß das amerikanische Geschäftsmodell dazu geführt hat, das die Wettbewerbsfähigkeit amerikanischer Unternehmen, abgesehen vom IT Sektor, auf dem Weltmarkt abnimmt.

Ein gutes Beispiel für ein Quasi-Monopol ist unsere Kabelfirma mit einem Marktanteil im ganzen Land von 50%. Das Unternehmen versorgt uns mit Telefon, Kabelfernsehen und Internet und ist der einzige, nennenswerte Anbieter in unserer Gegend. Für dessen Dienstleistung bezahlen wir durchschnittlich 250 Dollar im Monat. Das ist das Basispaket. Als Christine mitteilte, dass wir kündigen möchten, hat man uns einen Rabatt in Höhe von 50% für die darauffolgenden 12 Monate in Aussicht gestellt.

Im Supermarkt gibt es eine riesige Auswahl von unterschiedlichsten Biersorten. Sie kommen alle von demselben Lieferanten. Ansonsten gibt es in jedem Supermarkt die gleichen Produkte zu kaufen. Vor ein paar Wochen gab es im Schreibwarenhandel eine Fusion von Office Depot und Office-Max. Jetzt hat Staples angekündigt Office Depot kaufen zu wollen. Diese Fusion muss von den Behörden noch genehmigt werden. Geht die Fusion durch, dann wird Staples einen Marktanteil von etwa 60% haben [11].

In den Malls gibt es häufig 3 Brillengeschäfte mit unterschiedlichem Namen. Alle drei gehören zur selben Firma, die 80% des weltweiten Brillengeschäfts kontrolliert. Ein Online Buchhändler macht mittlerweile mehr Umsatz mit Cloud Computing als mit Büchern [12] und hat fünfmal mehr Cloud Kapazität als die folgenden 14 Wettbewerber zusammen.

Die Kooperation von Regierungsbehörden mit Firmen geht soweit, dass private Unternehmen hoheitliche Aufgaben übernehmen, die normalerweise Behörden vorbehalten sind. Ein Online Buchhändler ist gerade dabei einen Rahmenvertrag über Cloud Kapazitäten mit der CIA abzuschließen. Früher war dies eine Domäne von IBM und anderen Hardwareherstellern [13]. Tausende amerikanischer Unternehmen sind Auftragnehmer der amerikanischen Geheimdienste.

Die New York Times brachte letztes Jahr einen Artikel über die wunderbare Vielfalt von Buchläden in Frankreich und anderen europäischen Ländern heraus, die es in den USA nicht mehr gibt. Die Zeitung erklärte dies mit einer ungeheuerlich unamerikanische Maßnahme: Preisbindung [14].

Falls man ein Telefon angemeldet hat, erhält binnen drei Wochen zahlreiche Anrufe von Firmen und gemeinnützigen Organisationen, die etwas verkaufen wollen. Telemarketing ist hier legal und ein Milliardengeschäft. Wegen der vielen lästigen Anrufe gehen Freunde und Bekannte von uns nicht mehr an das Telefon, wenn sie die Nummer nicht kennen. Um sich vor unerwünschten Anrufen zu schützen, kann man sich in eine Liste der Regierung eintragen zu lassen, die im Internet auf der bezeichnenden Seite donotcall.gov zu finden ist. Damit hat man wenigstens die Firmen vom Hals. Non-Profit Organisation dürfen weiterhin anrufen. Bevor wir uns in diese Liste eingetragen hatten erhielten wir durchschnittlich zehn Anrufe pro Woche, jetzt sind es nur noch drei. Durch einen dummen Schreibfehler bei der Anmeldung unseres Telefons können wir Werbung per Post zu unserem Telefonanbieter zurückverfolgen. Christines Name wurde irrtümlicherweise mit "K" geschrieben. Die meisten Versicherungspolicen und Postwurfsendungen die wir im Briefkasten finden haben die Adresse bei unserem Telefonanbieter gekauft. Jeder Firma ist es selbst überlassen, Datenschutzklauseln zu verfassen und man hat selten die Möglichkeit, die Übermittlung persönlicher Daten an Dritte zu verhindern. Was den Zugriff auf Clouddaten durch Regierungsorganisationen betrifft, öffnet die Anwendung des Patriot Act alle Türen. Eine Richterin urteilte im Jahr 2014, dass eine Softwarefirma Daten, die auf dessen Server in Irland gespeichert sind, herausgeben muss [15]. Das Unternehmen ist in Berufung gegangen, weil sie befürchten, Umsatz im Ausland zu verlieren.

Ein Internetkonzern wird verdächtigt, alle Emails zu lesen, die über dessen Server geleitet werden [16], eine Aufgabe, die normalerweise den Behörden vorbehalten ist. Verdächtige Emails werden an die offiziellen Strafverfolgungsbehörden weiter gegeben. Der Sprecher der Houstoner Polizei sagte dazu: „Wir haben keine Ahnung, wie die das machen." Die Grenze zwischen Staat und Privatwirtschaft verwischt.

Die Tendenz zur Privatisierung von Regierungsaufgaben ist in einigen Wirtschaftsbereichen rückläufig, nach dem man einige schlechte Erfahrungen gemacht hat. Beispielsweise bei den Gefängnissen [17]. Es gibt in den USA ungefähr ein Dutzend Gefängnisse, die von Firmen geführt werden. Man hat erkannt, daß die Qualität der Betreuung von Strafgefangenen niedriger ist als in öffentlich geführten Vollzugsanstalten. Vorkommnisse durch Sicherheitsmängel und Kriminalität waren in privaten Einrichtungen höher. Wenn sich die Gefängnisse wieder in öffentlicher Hand befinden, könnten die Telefonkosten für Insassen sinken, die mit ihrer Familie telefonieren wollen. Es gibt Beispiele, daß Strafgefangene etwa 13 Dollar für ein 15 minütiges Gespräch bezahlen müssen [18]. Die Kosten für ein vergleichbares Gespräch außerhalb des Gefängnisses beträgt 13 Cent.

7 Weltbild

Am Flughafen in der Schlange zur Sicherheitskontrolle kam ich mit einem gleichaltrigen Geschäftsmann ins Gespräch, der mir stolz erzählte: "I am travelling the world." Ich war gespannt und fragte, in welchen Ländern er schon gewesen sei. Er antwortete, dass er sehr viel zwischen West- und Ostküste unterwegs ist.

Auch sonst kommt im täglichen Sprachgebrauch, in der Werbung, in den Medien das Wort „Welt" sehr oft vor. Selten meinen sie jemanden anderen als sich selbst. Die nationale Football-meisterschaft, der Super Bowl, feiert sich als internationales Turnier. Der Sieger des Super Bowl wird in der Presse als World Champion gefeiert.

Viele Amerikaner, besonders in den Südstaaten, haben ein sehr positives Bild von ihrem Land in der Welt und sehen sich auf Platz 1. Sie sind das Maß aller Dinge. Das ganze Land ist Nr. 1 und Albert Einstein war ein Amerikaner, so lernt man es in der Schule. Die USA feiern sich als das mächtigste, reichste, freieste und das gesegnetste Land der Welt. Zu dieser Sichtweise gibt es einen unterhaltsamen Kommentar von Nicholas Christof in der New York Times mit dem Titel „We're Not No.

1! We're Not No. 1", [19] in der er versucht, seinen Lesern Bodenhaftung zu vermitteln. Die USA sind durchaus in einigen Bereichen wie Militärausgaben und IT führend, aber eben nur in einigen. In anderen Dingen bewegen sie sich im Mittelfeld oder auf Dritte Welt Niveau. Selbst Irland, schreibt er, dessen Bevölkerung einst vor dem Verhungern stand, sei fortschrittlicher als die USA.

Viele Amerikaner leben in einer Glaskugel und bekommen nicht mit, was außerhalb der Landesgrenzen geschieht. In den Nachrichten gibt es selten Meldungen aus dem Ausland. Auch die Nachbarstaaten Kanada und Mexiko spielen in der Berichterstattung keine Rolle. CNN und New York Times haben unterschiedliche Ausgaben für den amerikanischen und für den internationalen Markt. Ich lobe mir die australische Presse, die gar keinen Fokus hat, wahrscheinlich, weil sie von allem weit weg ist. Jeder Kontinent bekommt gleich viel Platz in der Berichterstattung.

Die "corporate media", also die privaten, gewinnorientierten Radio- und Fernsehsender, tun alles, um dieses Weltbild aufrecht zu erhalten. Schlechte Stimmung beeinträchtigt den Konsum. Wenn man sich selbst stets als Nr. 1 wahrnimmt, vergibt man sich allerdings die Möglichkeit, von anderen zu lernen.

Dieses Weltbild findet vor allem in den sehr konservativen Bundesstaaten im Süden um den „Bibel-Gürtel" in Form von "American Exceptionalism" in die Schulbücher Einzug, angeführt von der anti-intellektuellen Tea Party Fraktion. Die Konservativen fürchten, das Links-Intellektuelle ein zu negatives Bild der USA zeichnen und wollen mit der Darstellung der USA als "besseres" Land ohne die Fehler der anderen Nationen, tugend- und heldenhaft, entgegenwirken. Mit dem Begriff Hero geht man ohnehin sehr inflationär um.

Das Prinzip des Rechtsstaates, des rule of law, gibt es in der amerikanischen Rechtssprechung genauso wie bei uns. Tatsächlich bezieht sich diese Rechtsauffassung nur auf das Territorium der USA. Außerhalb der Landesgrenzen existiert der Rechtsstaat nicht. Die Abweisung an der Landesgrenze muss nicht begründet werden und ist willkürlich, auch wenn man korrekte Einreisepapiere hat. Wenn man auf einer Liste steht, erfährt man immer eine Sonderbehandlung. Man wird nie erfahren, aus welchen Gründen man auf der Liste erscheint oder was man tun muss, um gelöscht zu werden. Christines amerikanischer Mitarbeiter ist auf so einer Liste. Er wird bei der Einreise immer zur Seite gerufen und einem 30 minütigen Verhör unterworfen. Ihm wird erklärt, dass er nur aufgrund zufälliger Auswahlkriterien zum Verhör gebeten wird. Da diese Liste offiziell nicht existiert, kann man dagegen keine Rechtsmittel einlegen. Es kann sein, dass ein FBI Beamter nur ein Kreuz an der falschen Stelle gemacht hat.

Amerikaner stehen international über dem Gesetz. Eine übergeordnete Grundordnung wie das Völkerrecht ist ihnen suspekt und widerspricht dem Unabhängigkeitsgedanken. Der Gedanke der Gleichwertigkeit souveräner Staaten ist abwegig. Es zählen die Landesinteressen ungeachtet des Völkerrechts. Die gezielte Tötung von Amerikanern auf fremdem Boden oder die Internierung von Gefangenen in Guantanamo ohne Anklage sind Beispiele, die nichts mit einem Rechtsstaat zu tun haben. Drohnenanschläge auf dem Territorium fremder, souveräner Staaten haben keinerlei rechtliche Grundlage. Folter wird von 53% der Amerikaner [20] akzeptiert und für gut befunden – solange keine Amerikaner gefoltert wird.

Es gibt einen interessanten Dialog aus der Bush Cheney Zeit. Der damalige Vizepräsident Dick Cheney wird im Weißen Haus von einem Freund begrüßt mit der Frage: "Hi Dick, hast Du heute morgen schon ein paar kleine Länder weggeblasen?" Ohne nachzudenken antwortete Cheney "Weißt Du, das ist etwas, was ich wirklich liebe an diesem Job" [21].

Die Vereinten Nationen haben in den USA kein hohes Ansehen. Das Vetorecht im Sicherheitsrat nehmen sie aber gerne in Kauf. Es wird keine Gelegenheit ausgelassen, über die Bürokratie der Vereinten Nationen zu hetzen und sie als ineffizienten Beamtenapparat darzustellen, der amerikanische Steuergelder verschwendet. Das genau das Gegenteil der Fall ist, wird nicht gerne zur Kenntnis genommen. Das Budget der Feuerwehr von New York City betrug 2014 1,7 Mrd Dollar [22]. Das Budget der UN-Hauptbüros (Sekretariate) in New York City, Genf, Wien und Nairobi nebst 5 Regionalbüros beträgt ebenfalls 1,7 Mrd Dollar [23]. Anhand dieser Zahlen kann man erahnen, dass die Vereinten Nationen ihre Aufgaben nicht erfüllen können und das ist durchaus beabsichtigt. Das Budget der amerikanischen Gesundheitsbehörde CDC beträgt etwa 6,6 MrdDollar [24], das der WHO beträgt 2 Mrd Dollar [25]. Dreiviertel des WHO Budgets werden dabei von Pharmaunternehmen bezahlt.

Wenn man sich den Spaß macht, den Begriff "Selbstkritik" zu recherchieren, bekommt man ausschließlich Einträge von Psychotherapeuten. Selbstkritik ist keineswegs etwas Positives das wertvoll für die Reflexion des eigenen Handelns ist, sondern ist therapiebedürftig.

Andererseits haben Amerikaner nicht häufig die Gelegenheit, sich ein eigenes Bild zu verschaffen. Amerikaner verreisen wenig und wenn, dann im eigenen Bundesstaat. Sie verfügen einerseits nicht über die finanziellen und andererseits mit 10 Tagen Urlaub im Jahr nicht über die zeitlichen Mittel. Die Anzahl der Urlaubstage nimmt mit der Dauer der Betriebszugehörigkeit zu. Wenn aber der Arbeitgeber gewechselt wird, fängt man wieder bei 10 Tagen an. Im Durchschnitt haben 48% der Amerikaner einen Pass [26]. In den ärmsten Bundesstaaten wie Mississippi sind es 18%, in New Jersey sind es immerhin 62%, mehr als in jedem anderen Bundesstaat.

8 Zensur oder Vorauswahl?

Wenn man mit den Lehrern in der Schule kommunizieren will, dann ist Email die erste Wahl - wenn man nicht geblockt wird. In unserem Schulbezirk hat es 3 Monate gedauert, um herauszufinden, warum ich zwar Emails von der Schule bekam, aber meine Antworten die Lehrer nicht erreichten. Ich bekam keine Fehlermeldung, die Emails verschwanden einfach. Ich vermutete zunächst, dass ich auf einer Blacklist gelandet war, die von zahlreichen kommerziellen Organisationen geführt werden. Stundenlange Recherchen im Internet blieben ohne Ergebnis, ich war nicht gelistet.

Eines Tages erhielt ich von Vincents Lehrerin die Telefonnummer des IT Beauftragten für den Schulbezirk. Wie er mir mitteilte werden alle Emails, die über ausländische Server geroutet werden, gesperrt. Dabei ist es unerheblich welche Domain (z.B. .com, .de, .org) benutzt wird. Entscheidend ist, über welchen Server die Emails ins Land kommen. Er begründete dies mit der "Policy". Diese Policy gibt es anscheinend auch bei dem größten Internetprovider in unserer Gegend, einigen Arztpraxen und öffentlichen Krankenhäusern.

Emails dorthin gehen nicht durch, ohne Fehlermeldung an den Absender. Freunde von uns erhielten jahrelang keine Emails von uns und sie wunderten sich, das wir uns nie meldeten. Wenn man also Wert auf Kommunikation vor allem mit der Schule Wert legt, dann benötigt man einen amerikanischen Email Account bei einem amerikanischen Internetprovider. Daraufhin sprach ich die Lehrer an und sagte, dass das doch eigentlich Zensur sei. Davon wollte sie aber nichts wissen, weil es ja nur zum Schutz des Schulbezirks vor Spam aus dem Ausland geschieht. Alles ist eine Frage des Blickwinkels.

Die USA sind dominiert von Firmen, die einen erheblichen Einfluss auf die Wahlen und die Besetzung des Kongresses haben. Diese Firmen kontrollieren ebenfalls, was in den corporate media verbreitet wird oder, über was nicht berichtet wird. Selbstzensur oder eine Vorauswahl der Themen gehört zum Tagesgeschäft. Das ist in Deutschland nicht anders, wo sich die öffentlich-rechtlichen Medien alle Mühe geben, politisch korrekt zu berichten. Heiße Eisen werden nicht angefasst.

Im Jahr 2000 gab es 6 Firmen, die den Medienmarkt unter sich aufteilten. Als Paradebeispiel dient der ultra-rechte und bei Republikanern sehr beliebte Nachrichtensender Fox News, der neben

CNN der zweitgrößte Nachrichtenkanal in den USA ist. Fox News ist ein Propaganda Sender und muß sich regelmäßig für falsche Berichterstattung – sogenannte „Fake News" entschuldigen. Die Huffington Post macht sich einen Spaß daraus, auf ihrer Website alle Fox News Korrekturen zu sammeln [27].

Nach kanadischem Recht dürfen Nachrichtensender nur die Wahrheit berichten. Einer kanadischen Freundin meiner Frau zufolge hat Fox News die Absicht aufgegeben, in Kanada einen Sender zu gründen.

Auffällig ist, dass in den Nachrichten nicht unbedingt über Fakten berichtet wird. Es geht vor allem um den Transport von Emotionen. Auch Nachrichten müssen unterhaltend sein, damit die Zuschauerzahlen stimmen. Diese Art der Berichterstattung hat sich mittlerweile auch in Deutschland durchgesetzt. Behauptungsjournalismus spielt auch in Deutschland eine immer größere Rolle. Dabei ist es nicht mehr wichtig sauber zu recherchieren, sondern als Erster eine Schlagzeile rauszuhauen.

Im Mediengeschäft gibt es den Begriff der "embedded media". Reporter amerikanischer Medien werden für die Berichterstattung vor Ort in die Streitkräfte "eingebunden". Das nennt man hier

„embedded media". Es gibt einen von den amerikanischen Streitkräften an Journalisten herausgegebenen, detaillierten Verhaltenskodex – eine Gebrauchsanleitung – was und wie Reporter nach Absprache mit der Armee berichten dürfen [28]. Reporter die im Irakkrieg Fotos auf eigene Faust machten, wurden gezwungen, ihre Kamera abzugeben und Bildmaterial zu löschen. Armeeangehörige sind von kritischen Internetseiten ausgeschlossen.

Artikel der New York Times oder der Washington Post über Regierungsorganisatoren werden der Regierung vor der Veröffentlichung zur Genehmigung vorgelegt. Auf Wunsch der Regierung werden Artikel gar nicht gedruckt [29]. Wenn man tiefer recherchiert fängt man an, die deutsche Berichterstattung etwas stärker unter die Lupe zu nehmen, die ebenfalls einseitig referiert. Das merkt man aber erst, wenn man ausländische Zeitungen liest. Ich sprach mit einem indischen Freund über Zensur im allgemeinen und in den USA im besonderen. Schneller als mir lieb war bekam ich von ihm einen Link zu einem russischen Nachrichtensender zugeschickt, in dem ein ehemaliger Redakteur der FAZ in einem Video zugibt, dass er während des ersten Golfkrieges regelmäßig Besuch von BND hatte. Er erhielt regelmäßig Zeitungsartikel vom Geheimdienst, die er unter seinem Namen veröffentlichte [30].

Es gibt aber auch Nachrichtenkanäle abseits der corporate media, die versuchen, unabhängig und objektiv zu berichten. Zu den besten gehören PBS (Public Broadcasting Service), NPR (National Public Radio) und Democracy Now!. PBS deckt 17% des Budgets mit Steuergeldern [31], der Rest wird durch Werbung und Spenden finanziert. DemocracyNow! ist ein unabhängiger Nachrichtensender, der über PBS ausstrahlt – nur leider nicht bei uns. Wir empfangen ihn nur über das Internet. Dieser Sender lehnt Steuergelder, Werbung und Spenden von Firmen ab. Er finanziert sich ausschließlich aus Spenden von Privatpersonen.

Zensur oder Vorauswahl?

9   Autos kaufen & Credit History

Nach dem Lesen von unendlich vielen Autotestberichten auf der amerikanischen Stiftung Warentest (Consumer Reports) haben Christine und ich zwei gebrauchte, amerikanische Autos gekauft. Einen Chevrolet Traverse und einen Jeep Liberty. Wir haben mit einem Cashier's Check von der Bank bar bezahlt und haben damit Verwirrung ausgelöst, weil die meisten Amerikaner einen Kredit für den Autokauf aufnehmen. Mit dem Cashier's Check verbürgt sich die Bank für den ausgestellten Betrag. Die Barzahlung war allerdings ein Fehler, weil wir noch keine Credit History hatten. Das heißt, wir waren im amerikanischen Finanzsystem ein unbeschriebenes Blatt – kein Guthaben und keine Schulden. Wenn man sich ein Mobiltelefon zulegen möchte, sollte man das Auto finanzieren, auch wenn man ausreichend Bargeld auf dem Konto hat. Der Grund ist einfach: Man bekommt keinen Telefonvertrag ohne eine gute Credit History. Das heißt nicht, daß man keine Schulden haben darf. Es heißt nur, daß man seine Raten pünktlich bezahlt. Im Land der Kredite ist es völlig unerheblich, wie viel Geld man auf dem Konto hat. Deshalb hilft einem der Kredit für das Auto dabei, einen Telefonvertrag zu bekommen. Man zahlt den Kredit nach 3 oder 4 Monaten komplett zurück und hat mit einem Schlag eine exzellente Historie. Und dann kann man sich ein Telefon mit Vertrag zulegen.

Autos in den USA zu kaufen ist eine völlig neue Einkaufserfahrung oder Shopping Experience. Die Verbraucher erwarten, dass sie das Auto, das ihnen gefällt, gleich mitnehmen können. Deshalb gibt es in den USA keine unendlichen Zubehörlisten und Ausstattungsvarianten. In der Regel gibt es pro Modell 3 oder 4 Versionen und die stehen dann beim Händler auf dem Parkplatz. Die großen Händler haben hunderte von Fahrzeugen auf ihrem Hof stehen, die darauf warten, abgeholt zu werden.

Wir haben die beiden Fahrzeuge bei Carmax, einer der größten Gebrauchtwagenketten der USA, gekauft. Man hat ein 7tägiges Rückgaberecht. Die Gewährleistung, die man bekommt, ist eigentlich nicht wirklich etwas wert, auch wenn sie vollmundig angepriesen wird. Die Gewährleistung bezieht sich im Fall eines Schadens nur auf das verursachende Bauteil, auf das der Schaden zurückzuführen ist.

Falls man sich für einen Neuwagen entscheidet, dann ist die Zeit um Weihnachten oder kurz danach am günstigsten. Die Händler versuchen, die

Verkaufszahlen des 4. Quartals noch etwas auf-
zuhübschen und gewähren anständige Rabatte.
Wer einen Vorführwagen kaufen möchte, sollte
nach "Certified Pre-Owned" Fahrzeugen Aus-
schau halten. Zum Autokauf sollte man den Versi-
cherungsnachweis mitnehmen. Die Versicherung
bekommt man über Insurance Agents, die einem
die günstigste Versicherung aussuchen. Man sollte
die Versicherungssumme nicht zu hoch abschlie-
ßen. Bei uns waren es 20.000 Dollar. Unbegrenzte
Haftpflichtversicherungen gibt es nicht. Im Falle
eines Selbstverschuldens wird man stets auf die
maximale Versicherungssumme verklagt.

Auch wenn man sich in Deutschland über das
amerikanische Tempolimit aufregt, kommt man
hier in der Regel schneller ans Ziel. Durch die ge-
ringe Verkehrsdichte entspricht das Tempolimit
oft der Durchschnittsgeschwindigkeit, also 70-75
mph (110-120 km/h). Das schafft man in Deutschland in den seltensten Fällen. Technisch gesehen ist
das Autofahren hier leichter. Gewöhnen muss man
sich daran, dass man rechts überholt. Das ist zwar
auf den Interstates, den amerikanischen Autobahnen, verboten, aber es macht jeder und es wird
überraschenderweise nicht bestraft. Es gibt keine
unterschiedlichen Tempolimits für Lastwagen und

Pkw. Das gewährleistet einen durchgehenden Verkehrsfluss.

Die Verkehrsvorschriften sind von Bundesstaat zu Bundesstaat sehr unterschiedlich. Es gibt in Texas zum Beispiel keine Helmpflicht für Motorradfahrer und der zulässige Blutalkoholgrenzwert ist höher als in Deutschland. Die Todesfälle verursacht durch Alkohol am Steuer, Telefonieren und Texting (das Verschicken von SMS oder die Benutzung von Messengerdiensten) sind hoch.

Die Anzahl der Verkehrstoten auf 100.000 Einwohner liegt im US-Durchschnitt bei 10,9 [32] (Deutschland: 4,3, Schweden 2,8). Das mag unter anderem mit den niedrigen Anschnallraten zusammen hängen. Sie betragen hier 84% (vorne) bzw. 70% (hinten). In Deutschland sind es 98% beziehungsweise 97%. Die Anzahl der Todesopfer im Straßenverkehr ist vergleichbar mit jenen, die durch Schusswaffen ums Leben kommen. Die Rate hier liegt bei 10,8 auf 100.000 Einwohner [33].

Prinzipiell ist das Autofahren in den USA einfacher und viel entspannter als bei uns. Die Straßen sind breiter und man ist rücksichtsvoll und höflich. Eine Lehrerin erklärte mir, dass man hier nicht auf seinem Recht beharrt, weil man nie weiß, ob der andere Verkehrsteilnehmer aus dem Auto schießt. Ich empfinde Autofahren hier jedenfalls als sehr viel angenehmer als auf deutschen Straßen. Die Fahrten durch Houston sind nur am Anfang etwas beklemmend. Houston ist eine Autofahrerstadt. Es gibt nur eine oder zwei Straßenbahnlinien. Außerdem ist Houston nicht mit dem Zug zu erreichen. Es gibt keinen Bahnhof. Aber dafür gibt es unglaublich breite Autobahnen. Die neuesten Autobahnabschnitte haben 24 Spuren, 12 in jede Fahrtrichtung.

10 Zahlungssysteme

Als ich in den 90er nach Boston zog, bekam ich von meiner Bank einen Schuhkarton voller Schecks. Heute, fast 25 Jahre später erhielten wir von unserer Bank nur noch ein kleines Schächtelchen. Es hat sich also etwas getan, im Zahlungsverkehr.

Im Land der Kreditkarten sind Schecks nach wie vor das bevorzugte Zahlungsmittel zwischen Privathaushalten und sehr bequem, wenn es um die Bezahlung kleinerer Beträge – zum Beispiel and die Schule oder den Musiklehrer – geht. Im Supermarkt kann man ebenfalls mit Scheck bezahlen. Der Lohn wird, gerade bei kleineren Firmen, per Scheck ausgezahlt. Größere Firmen gehen immer mehr dazu über, den Lohn elektronisch zu überweisen.

Daueraufträge zum Beispiel zur Zahlung der Miete, sind extrem teuer. Wir zahlen unsere Miete zwar auch per Dauerauftrag, aber das funktioniert etwas anders: Zum Zahlungstermin druckt die Bank einen Scheck aus und schickt ihn per Post an unseren Vermieter. Unser Scheck ist schon einmal verloren gegangen, wurde gesperrt und ein neuer ausgedruckt. Die Frage, wer die Kosten trägt, wenn jemand Fremdes den Scheck einlöst, blieb unbeantwortet. Daraufhin haben wir uns überlegt, einen Dauerauftrag direkt an das Bankkonto (wire transfer) des Vermieters einzurichten. Die Gebühr von 50 Dollar pro Überweisung hat uns aber abgeschreckt.

Die Beträge für unsere Nebenkosten werden online über Auto-Pay abgebucht, das sind Lastschriften. Dabei wird jedoch nicht vom Bankkonto, sondern von der Kreditkarte bzw. der Bankkarte abgebucht. Die Kontonummer bei der Bank benötigt man für keine Zahlung.

Erhält man Gutschriften, dann geschieht dies ebenfalls durch Schecks, die man mit der Post erhält und dann bei seiner Bank einlöst. Den Weg zur Post kann man sich sparen, wenn man die Vorder- und Rückseite des Schecks mit einer App für das Smartphone einscannt. Der Betrag wird dann gutgeschrieben.

Generell ist die Höhe der Bankgebühren abhängig vom Kontostand. Wer mehr als 10.000 Dollar auf dem Girokonto hat, zahlt fast nichts. Fällt der Kontostand unter diese Marke, werden 25 Dollar pro Monat fällig.

11 Schule

Nachdem wir nun ein Haus hatten, konnten wir unsere Kinder in der Grundschule anmelden. Das haben wir etwa 2 Wochen vor Schulbeginn gemacht. Raffael sollte in die 3., Vincent in die 5. Klasse der Bay Elementary School eingeschult werden. Für den Nachweis des Wohnortes nimmt man wieder die Anmeldungen für Gas und Wasser mit, so wie vorher für die Beantragung des Führerscheins. Außerdem benötigt man die Impfbücher der Kinder.

Jede Schule hat eine Krankenschwester, die die Impfungen der Kinder prüft und auch sonst behilflich ist, wenn es den Kindern während der Schulzeit nicht gut geht. Die Krankenschwester hatte anfangs einige Mühe unsere Impfbücher zu lesen. Den WHO Standard gibt es in den USA nicht, sondern man weist die Impfungen als Loseblattsammlung nach. Ohne die erforderlichen Impfungen werden Kinder nicht eingeschult, es sei denn, es sprechen religiöse Gründe dagegen. Welche Impfungen erforderlich sind, sollte man bereits in Deutschland abklären. Die Anforderungen sind von Bundesstaat zu Bundesstaat unterschiedlich. In unserem Fall haben wir uns den Impfkalender

der texanischen Gesundheitsbehörde heruntergeladen und sind damit zum deutschen Kinderarzt.

Das Gespräch mit der Schulleiterin war sehr nett und sie hatte nichts dagegen, dass unsere Kinder einfach im nächsten Schuljahr weitermachen. Wir haben beide Kinder für das ESL (English as a Second Language) Programm angemeldet, was eine Reihe von Vorteilen bietet. Jede Schule hat eine ESL Lehrerin, die Kinder, deren Muttersprache nicht Englisch ist, separat, einige Stunden die Woche, in Englisch unterrichtet. ESL Kinder bekommen außerdem mehr Zeit beim Schreiben von Tests und dürfen Wörterbücher benutzen.

Nun konnte es weitergehen mit der Beschaffung von Unterrichtsmaterial, Schulrucksack und Kleidung. Hier ist die Website des Schulbezirks beziehungsweise der Schule hilfreich. Für jede Jahrgangsstufe gibt es standardisierte Arbeitsmateriallisten. Etwa eine Woche vor Schulanfang herrscht in den Ketten für Schreibwaren reger Betrieb, weil alle Eltern Schulmaterial für die Kinder einkaufen. Wir drückten dem Verkäufer unsere ausgedruckte Liste in die Hand, so wie alle anderen Eltern auch, und schon füllte sich unser Einkaufswagen mit allen erforderlichen Utensilien. Die Beschaffung von Schulmaterial geht aber auch einfacher: Zum Ende des Schuljahres verteilt die Parent Teacher Association (PTA, der Förderverein) ein Formular, mit dem die Eltern den PTA mit der Beschaffung des Materials beauftragen. Das Formular wird zusammen mit einem Scheck abgegeben und der Schüler erhält am ersten Schultag des neuen Schuljahres das bestellte Unterrichtsmaterial ausgehändigt. Die Ausgabe der Schulbücher erfolgt am letzten Sonntag vor Schulbeginn. Jedes Schulbuch wird doppelt ausgegeben, ein Buch für zu Hause und eines für den Unterricht in der Schule. Damit entfällt die irre Schlepperei von Büchern und das Chaos der Arbeitsmaterialbeschaffung. In Deutschland scheint es, werden die erforderlichen Materialien jedes Jahr neu und in letzter Minute zusammengestellt und pro Schulfach verteilt. Damit ist man in der ersten Schulwoche mindesten dreimal im Schreibwarenladen.

Die großen Kaufhäuser sind ebenfalls ausgezeichnet auf den Schulanfang vorbereitet. Es gibt vor Schulbeginn eine erheblich größere Auswahl an Kleidung die dem jeweiligen Dresscode (die Bekleidungsvorschrift) der Schule entsprechen, als das ganze Jahr über. Auf der Website der Schule steht genau, was erlaubt ist und was nicht. Generell hat jeder Distrikt seinen eigenen Dresscode, es sei denn, die Schule macht eine Ausnahme. Eigentlich hat jede Schule ihre Ausnahme. Den Code, der eine volle Seite umfasst, sollte man sich genau durchlesen, er wird peinlichst kontrolliert. Hier wird detailliert beschrieben, was die Schüler anziehen dürfen und was nicht. In der Elementary School sind die Vorschriften noch relativ locker: Keine sichtbaren Piercings oder Tatoos außer Ohrringe bei Mädchen. Keine Badeschlappen und nicht barfuß. Keine Löcher in der Kleidung, keine Tanktops, keine Spaghettiträger. Die Rocklänge ist vorgeben und muß über das Knie gehen. In der Intermediate School sind die Vorschriften strenger: Keine Jeans, sondern khakifarbene oder dunkelblaue Stoffhosen. Kein Markenlogo auf der Kleidung, das größer ist als eine Vierteldollarmünze. Poloshirts sind erlaubt, T-Shirts sind verboten genauso wie Hoodies.

Nachdem alles eingekauft war, freuten wir uns auf den "Meet the Teacher" Tag. Dieser findet in der letzten Ferienwoche statt und gibt den Eltern und vor allem den Schülern die Gelegenheit, ihre zukünftigen Lehrer kennenzulernen. Anders als in deutschen Schulen, wechseln die Lehrer in jeder Jahrgangsstufe und die Klassenverbände werden neu gemischt. In der Turnhalle waren Tische mit Tafeln der einzelnen Jahrgangsstufen aufgebaut und man kämpft sich mit Hunderten von Eltern zu den Lehrern durch. Das hat unseren Kinder enorm geholfen, ihre Angst vor dem ersten Schultag zu überwinden. Der Stundenplan ist übrigens jeden Tag gleich. Täglich werden dieselben Fächer unterrichtet.

Generell wurden unsere Kinder sehr herzlich aufgenommen und von den Lehrern umarmt. Sie wurden unterstützt, wo es nur ging und haben immer Hilfe bekommen. Wenn man bedenkt, wie Einwandererkinder in Deutschland behandelt werden, dann ist das hier eine ganz andere Liga und wir waren sehr positiv überrascht. Vielleicht lag es auch daran, dass wir keine typischen Einwanderer sind und Deutsche hier immer noch – oder wieder - ein hohes Ansehen haben.

Natürlich hängt vor der Schule die amerikanische Flagge, genauso wie in jedem Klassenzimmer. Jeden Morgen stehen die Schüler in der Klasse auf und leisten, mit Blick zur Fahne, den Treueschwur auf Texas (Pledge of Allegiance). Hierzu darf jeden Morgen ein anderer Schüler in das Büro der Schulleiterin kommen, um über die Lautsprecheranlage der Schule den Treueeid vorzutragen. Die Schulleiterin wies darauf hin, dass unsere Kinder nicht verpflichtet sind, den Treueschwur mitzusprechen. Natürlich haben unsere Kinder mitgemacht.

Für Deutsche ist das Abholen der Kinder ein logistisch durchorganisiertes Spektakel. Die Buskinder (bus riders) reihen sich in der Turnhalle vor den Tafeln ihrer jeweiligen Buslinien auf – in einer Reihe. Dann werden die Türen der Turnhalle geöffnet, die Kinder steigen in ihren Bus ein und werden von der Safety Patrol auf der Checkliste als "Eingestiegen" abgehackt. Wenn die Busse beladen sind, brausen diese mit einem Affenzahn davon und bringen die Kinder an die vor dem Schuljahr bekannt gegebenen Haltestellen. Die Haltestellen werden an die Wohnorte der Schüler angepasst und können jedes Jahr variieren.

Die Kinder, die von Ihren Eltern abgeholt werden (car rider), werden im 5-Minuten-Zyklus von ihren Klassenlehrerinnen nach draußen begleitet. Die 1. Klässler zuerst, die 5. Klässler zuletzt. Die Fahrzeuge reihen sich der Reihe nach in der 40 Meter langen Abholschlange ein und halten dann an 4 nummerierten Cones (Baustellenhütchen). Die Eltern haben einen Zettel im Wagen mit dem Namen des Schülers und der Klassenlehrerin und der Jahrgangstufe. Eine Lehrerin mit Megaphon liest den Namen auf dem Zettel im Wagen ab und weist dem Abholenden die Nummer des Hütchens zu. Die Safety Patrol öffnet den Wagen, lässt den Schüler einsteigen, wünscht "Have a nice Day" und schließt die Tür. Auf diese Weise werden in 20 Minuten um die 60 Fahrzeuge abgewickelt. Es gibt aber auch Ausreißer. Es kommt schon mal vor, daß sich ein Schüler im Gang mit einem Freund verquatscht und nicht mitbekommt, daß die Mutter schon draußen im Auto wartet. Auch für den Fall ist man gerüstet. Die Mutter draußen im Wagen ruft die Sekretärin an, die über die schuleigene Lautsprecheranlage den Schüler aufruft und mitteilt, dass er nach draußen zu seiner Mutter gehen soll. Überflüssig zu erwähnen, dass der Motor nicht abgestellt wird.

Die Schüler, die zur Safety Patrol gehören, werden von der Schulleitung ausgewählt. Es sind nur Schüler der 5. Klasse zugelassen, die in allen Fächern ein „A", also eine 1 vorweisen können. Raffael wurde in der 5. Klasse für die Safety Patrol nominiert und ich fragte ihn, ob er wirklich teilnehmen wollte. Natürlich wollte er, gar keine Frage. Zusammen besuchten wir die Einführungsveranstaltung, bei der die Sportlehrerin („Coach Alexander") darauf hinwies, daß es eine große Ehre sei, für die Safety Patrol ausgewählt worden sein. Danach erklärte sie die Aufgaben und die Regeln. Dreimal hintereinander fünf Minuten zu spät kommen und man ist draußen. Zweimal ein „B" im Vierteljahreszeugnis und man ist draußen. Klare, unmissverständliche Ansage. Neben dem Busdienst gab es eine Reihe von anderen Aufgaben,

bei denen sich die Schüler wöchentlich abwech-
seln. Die Kindergartenkinder (das ist hier die Vor-
schule, während die Pre-School unser Kindergar-
ten ist; bei der Übersetzung der Einwandererspra-
chen gerieten sie ein bißchen durcheinander. Der
Chef ist in den USA ein Koch) zu deren Klassen-
zimmern führen und die Flagge vor Schulbeginn
hissen und nach Schulschluss einholen und falten.
Coach Alexander wies die Schüler mit Flaggen-
dienst ausdrücklich darauf hin, die Flagge würdevoll zu behandeln, sie nicht den Boden berühren
zu lassen und keinen Blödsinn zu machen. Der
Sheriff, der jeden Morgen vor der Schule steht,
würde sich ganz genau anschauen, was sie da machen.

Ein Kind in der Safety Patrol zu haben hat für
die Eltern einen entscheidenden Nachteil. Die Kinder müssen vor der Ankunft des ersten Buses in
der Schule sein und verlassen die Schule erst,
wenn der letzte Bus abgefahren ist. Das heißt, die
Eltern übernehmen den Pendeldienst von und zur
Schule für den Zeitraum eines halben Jahres – so
lange dauert der Safety Patrol Dienst.

Eines Tages holte ich Raffael von seinem Dienst
ab und er erzählte ganz aufgeregt, daß sein Klas-
senkamerad Ethan von seinem Vater in einem riesigen Truck zur Schule gefahren wurde. „Ich konn-

te ihm die Tür nicht aufmachen, weil der Türgriff so weit oben war. Aber das war nicht schlimm. Ethan hat die Tür selbst geöffnet und dann kam eine Leiter raus, auf der er nach unten kletterte." Wir waren beide begeistert.

Die berühmten, gelben Schulbusse fahren immer nur eine Schule an und fahren in drei Zyklen. Um 6 Uhr kommt der Bus und bringt die Schüler zur High School, deren Schulbeginn ist um 7 Uhr. Danach kommt derselbe Bus gegen 7 Uhr und bringt die Kinder zur Elementary School, deren Schule um 8 Uhr beginnt. Zuletzt kommt der Bus gegen 8 Uhr und transportiert die Schüler zur Intermediate School mit Schulbeginn um 9 Uhr. An einem Schulbus mit Warnblinklicht und ausgeklapptem Stoppschild vorbeizufahren, egal in welcher Fahrtrichtung, wird hart bestraft.

Das amerikanische Schulsystem ist ein Gesamtschulsystem mit umfangreichem, standardisiertem Kursangebot. Die Grundschule geht bis zur 5. Klasse, in manchen Schulbezirken bis zur 6. Klasse. Die Intermediate School umfaßt die Klassen 6 bis 8, wobei in unserem Fall, mit Rücksicht auf benachbarte Schulbezirke, das eigentliche Intermediate Niveau erst mit der 7. Klasse beginnt. Danach folgt die High School (Klassen 8 bis 12). Andernorts gibt es Junior High Schools an Stelle der Intermediate Schools und wechselt dann zur Senior High School. Allen gemeinsam ist der Abschluss mit dem High School Diploma nach der 12. Klasse.

Vom Schulbezirk werden die Lehrpläne, die vom Bundesstaat vorgegeben werden, umgesetzt und an die einzelnen Schulen weitergegeben. Es gibt strikte Standards, wie der Schulunterricht auszusehen hat und was im Lehrplan, dem Curriculum, steht. Alle Schulen im Bezirk schreiben die selben Tests und haben die gleichen Schulbücher! Ich kann mir vorstellen, dass das dem einen oder anderen deutschen Lehrer die Schweißperlen auf die Stirn treibt. Die Schulleiter und der Superintendent sind allgegenwärtig. Sie führen den Distrikt beziehungsweise ihre Schule wie Manager einer Firma. In Deutschland undenkbar.

Die Website unseres Schulbezirks ist betitelt mit "World Class Education – Leading the Way in the 21st Century". Da ist sie wieder, die amerikanische Bescheidenheit. Die Schulen, die unsere Kinder besucht haben, waren wirklich gut und gerade in der Intermediate School brauchte man sich verglichen mit Deutschland, nicht zu verstecken. Auch wenn es mit World Class nicht wirklich soviel zu tun hat [19]. Von PISA haben die Lehrer noch nie etwas gehört, aber dafür gibt es den STAR Test, das ist PISA für Texas.

Das eigentliche Kurssystem fängt in der Intermediate School an. Vor Schulbeginn müssen die Schüler ihre Kurse wählen und können dann noch bis vier Wochen nach Schulanfang geändert werden. Die Programme an unserer Schule sind [34]

- Omega / GT (Gifted & Talented) / PreAP (Advanced Placement)
- Wave GT Magnet – Webster Academy Visions in Education
- Science Magnet Program
- ESL – English as a Foreign Language
- Special Education
- Leadership Development Corps (LDC)

Jede Schule hat eine Lehrkraft, die die Schüler für in Frage kommende Kurse testet. GT Kurse sind zum Beispiel für Hochbegabte und sehr talentierte Schüler. PreAP und AP Kurse sind Programme, die auf das College vorbereiten. Einige dieser Kurse können im College angerechnet werden ("credits") und müssen dann nicht noch einmal belegt werden.

In unserem Schulbezirk sind Omega, GT und PreAP Kurse zusammengefasst. Der Unterricht und die Tests sind dieselben. Die Vertiefungsrichtung für diese Kurse sind Language Arts, Social Studies (Kombination aus Geographie und Sozialkunde) und Science (d.h. Naturwissenschaften). Mathematik hat ebenfalls ein höheres Niveau als die "normalen" Kurse.

Das WAVE Programm wird an 2 Schulen gebündelt und umfasst mittlerweile 1000 Schüler, die sehr begabt oder talentiert sind. Das Niveau der Kurse ist entsprechend hoch. Um in dieses Programm zu kommen, muss eine Prüfung abgelegt werden.

Das Science Magnet ist ein Programm mit naturwissenschaftlicher Ausrichtung. Hierfür muss man sich bewerben und benötigt eine Empfehlung des Lehrers aus der Grundschule. Bei uns wurden 100 von 300 Schülern in dieses Programm aufgenommen. Schwerpunkt hier ist wissenschaftliches Arbeiten. Die Durchführung von Science Projekten, die in der Regel über einen Zeitraum von 3 Monaten laufen, sind Pflicht (zum Bedauern der Eltern, die haben die meiste Arbeit damit). Weiterhin gehört dazu, wie man Business Pläne erstellt, wie man ein Unternehmen führt und wie man wissenschaftliche Ergebnisse präsentiert.

ESL ist erneut für Nicht-Muttersprachler mit zusätzlichen Sprachkursen.

Special Education ist ein Programm für Schüler mit Lernbehinderungen und für Kinder mit geistiger Behinderung.

Das LDC ist ein Programm für Schüler, die sich einer militärischen Laufbahn widmen wollen. Das Programm umfaßt Lerninhalte in Selbstdisziplin, Entwicklung einer "can do" Einstellung, Kommunikation, Menschenführung, Konfliktbewältigung, Drogenbekämpfung, gesunde Ernährung und ein aktiver Lifestyle. Außerdem steht auf dem Programm Drill, Exerzieren, militärische Rangabzeichen und wie man die Uniform würdevoll trägt. Die Fahne an der Schule wird von LDC Schülern jeden Tag respekt- und hingebungsvoll gehisst und am Ende des Tages eingeholt und zusammengefaltet. Einmal in der Woche wird ein Test geschrieben, zu dem die Schüler in Uniform in die Schule kommen dürfen. Geführt wird dieses Programm nicht von Lehrern, sondern von Angehörigen der Armee.

Des weiteren gibt es neben oben genannten Programmen die normalen Grundkurse. Diese haben ein niedrigeres Niveau als die PreAP Kurse und man bekommt weniger Hausaufgaben.

Wenn Schulen nicht individuell, sondern bezirksweise verwaltet werden, ist die Einführung neuer Technologien effizienter durchführbar. Die Anwesenheitserfassung der Schüler, die Verwaltung der Schulnoten und die Bezahlung des Mittagessens in der Schule erfolgt online. Jeder Schulbezirk hat einen eigenen IT Support.

Die Website des Schulbezirks bietet Eltern und Schülern die Möglichkeit, die Noten online nach Fächern und nach Gewichtung der einzelnen Tests abzurufen. Es werden sehr viel mehr Tests und Benchmarks geschrieben als in Deutschland. Das Notensystem besteht aus den Noten A, B, C und F. Die Note A entspricht 90-100% der möglichen Punkte, B liegt zwischen 70 und 89% und die Note C entspricht 50-69%. Weniger als 50% erhält die Note F für „Failed". Die Eltern können auf Wunsch eine Benachrichtigungsfunktion aktivieren, mit der man eine Email erhält, falls zum Beispiel eine Note unter 90% fällt. Damit erhält man zeitnah einen Überblick über die Schulleistungen und es kommt nie zu Überraschungen oder Diskussionen am Ende des Schuljahres. Das Bewertungssystem ist sehr transparent und lehrerunabhängig. Damit halten sich die Schulen die Rechtsanwälte vom Hals und die Eltern haben die Möglichkeit, zeitnah korrigierend einzugreifen. Falls ein Schüler im Unterricht fehlt, erhält man von der Schule gegen 10 Uhr einen automatisierten Telefonanruf mit der Bitte in den nächsten drei Tagen eine Entschuldigung einzureichen. Schulfeste und wichtige Schulmitteilungen (Ausfall wegen schlechten Wetters, Evakuierung bei Hurricanes etc.) werden wahlweise per Telefonanruf, Email oder per SMS kommuniziert. Wenn Schüler krank sind oder aus sonst irgendeinem Grund nicht in die Schule konnten, können sie sich die Hausaufgaben in den meisten Fächern von der Website herunterladen.

Jedes Schuljahr ist in 4 x 9 ½ Wochen eingeteilt. Alle 4 Wochen gibt es einen Progress Report und alle 9 ½ Wochen gibt es eine Report Card - dem Vierteljahreszeugnis – als Ausdruck nach Hause.

Mittagessen bekommen die Schüler in der Cafeteria. Dort gibt es 3 "Gerichte" zur Auswahl, die dann mit der Schüler-ID bezahlt und vom Guthabenkonto abgebucht werden, was sehr bequem ist. Welche Gerichte zur Auswahl stehen, wird vom Bundesstaat vorgegeben, weil es gesund sein soll. Deshalb wird das Fett in der Milch gespart, um dann vielfach im Hamburger zurückzukommen. Auf dem Speiseplan stehen Hamburger, Cheeseburger, Cheese Pizza, gedünstetes Gemüse, fettfreier Joghurt, Tacos mit Käse, der auch bei Raumtemperatur noch flüssig ist und Salat, den unsere

Kinder sowieso nicht essen. Unsere Kinder haben sich über das Essen in der deutschen Schule ebenfalls beschwert aber verglichen mit dem Essen hier, hatte es in Deutschland 4 Sterne Niveau. Der Essenplan wiederholt sich jede Woche.

Andererseits gibt es hier eine detaillierte Übersicht über die Nutrition Facts, also wie viel Kohlenhydrate, Fett, Eiweiß und Vitamine im Essen enthalten sind. Jede Jahrgangsstufe ißt zu einer anderen Uhrzeit, weil 700 Schüler nicht gleichzeitig bewältigt werden können.

Der Schulbezirk führt gerade tablets für alle Schulen ein. Damit sollen die Schulbücher in Zukunft entfallen. Raffael hat schon ein tablet in der Schule, Vincents Klasse kommt im nächsten Schuljahr dran. Ob damit die Lernleistung verbessert wird, ist Gegenstand von Studien [35].

Der Unterricht ist sehr anwendungsbezogen und beinhaltet oft Problemstellungen des täglichen Lebens. Es wird sehr viel Wert auf die Fähigkeit gelegt, Ergebnisse und sich selbst zu präsentieren. Freies Reden üben ist in jedem Unterrichtsfach wichtig, wobei mündliche Beteiligung nicht bewertet wird, weil es nicht dokumentierbar (einklagbar) ist. Tests werden jede Woche geschrieben. Die Lernmethodik ist reproduktiv und Lerninhalte für den nächsten Test werden vom Lehrer zur Vorbereitung als Review Sheet zusammengefasst. Unsere Kinder haben hier in der Schule sehr viel mehr Selbstvertrauen aufgebaut als in der deutschen Schule. Außerdem sind sie hier viel motivierter als in Deutschland.

Um Informationen für Referate zu sammeln, gehen die Schüler in das Computer Lab. Das ist nichts anderes als ein Klassenzimmer, in dem jeder Schüler einen PC benutzen kann, um eine Internetrecherche zu betreiben. Wikipedia darf ausdrücklich als Quelle nicht benutzt werden, weil die Informationen dieser Website nicht überprüft werden. Eine Quelle, die die Schüler für Projekte in der Schule regelmäßig benutzen ist das „CIA Factbook". Dort sind Daten über alle Länder in übersichtlicher, komprimierter Form zusammengefasst, so ähnlich wie der jährlich erscheinende „Fischer Weltalmanach". Für ein Projekt musste die Klasse Daten für ein Referat sammeln und ging in das Computer Lab, um dort eine Online Recherche durchzuführen. Vincents Recherche betraf Kamerun und sein Schulkamerad Jason neben ihm sammelte Daten über Ghana. Beide waren auf der CIA Factbook Website. Mitten in der Recherche stupste Jason Vincent an und zeigte ihm was neben der Überschrift Ghana auf seinem Bildschirm zu lesen war: "Hi Jason".

Das Projekt, um das es in diesem Fall ging, war ein Fundraising Projekt. Fundraising, also das Eintreiben von Spendengeldern für soziale Zwecke, ist in den USA allgegenwärtig, weil es kein Sozialversicherungssystem – so wie wir es in Europa kennen, gibt. Jeder Schüler der Klasse ist also mit Spielgeld ausgestattet und belohnt mit seiner Spende den besten Fundraising Vortrag. In 10 Minuten sollten die Kinder referieren, warum es sich lohnt, für ihr afrikanisches Land Geld zu spenden. Wer am meisten Geld einsammeln konnte, hatte gewonnen.

Vincent hielt zu Hause einen exzellenten Probevortrag. Für meinen Geschmack kamen allerdings die Fakten ein bisschen kurz und es mangelte ein bisschen an Tiefe. Daraufhin entwickelte sich ein Dialog, den ich heute noch in den Ohren habe.

Ich: „Das war sehr gut, aber wie geht es denn jetzt weiter?"

Vincent: „Wieso weiter, ich bin fertig."

Ich: „Aber jetzt wird es doch gerade interessant. Über das Thema kann man doch noch ganz viel erzählen. Was ist denn mit den anderen Fakten?"

Vincent: „Papa! Es geht doch nicht um Fakten. Es geht um Gefühl. Mit Fakten bekomme ich kein

Geld. Außerdem können sie sich sowieso nicht länger als 5 Minuten auf ein Thema konzentrieren."

Als Vincent in die 6. Klasse der Intermediate School kam, erzählte er, dass in Social Studies jetzt die einzelnen Länder der Welt durchgenommen werden und hat mir sein Textbook gezeigt. Es trägt den Titel "Our World Today – People, Places, Issues" [36], ist aus dem Jahr 2003 und behandelt jedes Land der Erde. Die Kapitel über Europa, China und die USA sind umfangreicher als die anderen Länder. Ich war ganz versessen darauf zu lesen, was aus hiesiger Sicht über Europa und Deutschland im besonderen geschrieben wird. Also habe ich mir das Buch gleich geschnappt und fing an, die ersten Absätze zu überfliegen. Die erste Seite "Flag Etiquette" habe ich übersprungen, das kannte ich schon aus den anderen Schulbüchern.

Alle weiteren Kapitel im Buch haben mich schon überrascht. Also las ich weiter.

"Schwache Regierung." Das war die Überschrift für die Europäische Union. "Manche Leute vergleichen die EU mit den USA im Jahr 1785 (vor der Verfassung)". Auf die Verfassung sind die Amerikaner unglaublich stolz und wird sehr oft zitiert. Ein Land ist in ihrer Sicht zu Recht regierungsunfähig. "Die EU hat keine Autorität die Mitgliedsländer zu zwingen ihre Armeen aufzugeben oder sie beim Geld drucken zu hindern." "Die Union wurde gegründet, um gemeinsame Probleme zu bekämpfen. Zum Beispiel eine sichere Möglichkeit zu finden, leere Batterien zu recyclen oder Europäer zu überzeugen, mit dem Rauchen aufzuhören." "Mit der EU gibt es einen gemeinsamen Markt, eine Freihandelszone. Das ist für Amerikaner nichts Neues. Die USA haben seit 150 Jahren einen gemeinsamen Markt. Kalifornien hat Rindfleisch aus Texas nie mit Zöllen belegt". "Obwohl die EU und die USA Freunde sind, belegt die EU die USA mit Handelsverboten. Einige Amerikaner denken, dass die Europäer den Amerikanern nicht vorschreiben sollten, wie sie ihre Firmen führen sollen." Globale Erwärmung wird als weltweites Problem anerkannt, aber "die EU und die USA können sich nicht auf einen gemeinsamen Weg einigen, das Problem zu lösen". "Ohne Verfassung kann man 15 Mitgliedsländer nicht dazu bringen, sich auf irgendetwas zu einigen." Das waren die Highlights aus dem Kapitel Europa. Dem Holocaust ist ein ganzes Kapitel gewidmet, so wie es sich gehört. Dafür fällt das Kapitel Vietnam ein bisschen kürzer aus. "Die Amerikaner haben zusammen mit der von den USA unterstützten Regierung in Südvietnam gegen die Kommunisten im Norden gekämpft. Irgendwann haben sich die

USA zurückgezogen und das ganze Land wurde kommunistisch." Sie haben aber irgendwann Einsicht gezeigt und werden jetzt langsam kapitalistisch. Das Wort Diktatur kommt im Zusammenhang mit Südvietnam nicht vor, fehlt aber auch bei Saudi-Arabien. Daß Israel als Hauptverbündeter keine Verfassung hat, wird nicht erwähnt.

Zu Deutschland ist noch zu lesen, dass saurer Regen und Umweltverschmutzung eine zentrale Rolle spielen. Der "Rhein als Hauptschifffahrtskanal fließt nordwärts an etlichen Städten und Industrieregionen vorbei. Bis das Wasser die Niederlande erreicht trägt der Rhein 25 Millionen Tonnen Industrieabwasser mit sich, das in die Nordsee entleert wird."

"In den Niederlanden wird das Wasser nicht getrunken oder zur Gartenbewässerung verwendet. Es muß gefiltert werden."

Das Kapitel USA fängt an mit: "Die USA sind reich an Bodenschätzen und haben hart arbeitende Arbeitskräfte." Saurer Regen, Müll und Recycling werden thematisiert und die Recyclingraten der einzelnen Bundesstaaten werden farbig, von hellgrün nach dunkelgrün, dargestellt. Texas ist grau – no data available. Gute Schulen tragen dazu bei, führend im Gesundheitswesen, Raumfahrt und Computertechnologie zu sein. Es wird auch erwähnt, dass 20% der Bevölkerung keine Krankenversicherung haben, wovon die Mehrheit Kinder sind. "Kritiker einer nationalen Krankenversicherung deuten auf Kanada, wo man lange Wartezeiten für Arztbesuche und notwendige Operationen in Kauf nehmen muss."

Das längste Kapitel ist dem "Day of Heroes" gewidmet, dem 11. September 2001. Es wird geschildert, dass Terrorismus kein normales Verbrechen ist und Al-Qaida für die Anschläge verantwortlich war. Es ist eine Karte abgebildet mit allen Anschlägen auf US Einrichtungen weltweit. Daraus folgt dann der "War on Terror". Alles in allem ein interessantes Schulbuch. In anderen Teilen der Welt würde man es als Propaganda bezeichnen. Das Texas Freedom Network, Eduction Fund [37], eine liberale non-profit Organisation in Texas, attestiert texanischen Sozialkunde- und Geschichtsschulbüchern eine einseitige, vorurteilsbehaftete Darstellung der Geschichte und Verdrehung von Tatsachen. Ich habe daraufhin der Lehrerin geschrieben und ein paar Fakten gerade gerückt. Sie hat nie geantwortet. Ich bin mir aber auch nicht sicher, ob ein amerikanischer Vater auf Kritik an einem deutschen Schulbuch Antwort von einem deutschen Lehrer bekommen hätte. Ich habe mir jedenfalls fest vorgenommen, die zukünftigen deutschen

Schulbücher, die unsere Kinder nach unserer Rückkehr bekommen werden, genau unter die Lupe zu nehmen.

Etwas besonderes sind die Science Projekte. Schüler ab der dritten Klasse werden ausdrücklich ermuntert, daran teilzunehmen. Schüler des Science Magnet Programs müssen ein Science Projekt einreichen. Der Kern des ganzen ist, den Schülern eine Struktur über wissenschaftliches Arbeiten zu vermitteln. Dabei ist die Vorgehensweise weitgehend standardisiert. Die Laufzeit des Projekts beträgt 3 Monate und enthält eine Reihe von Meilensteinen, die in einem vorgegebenen Terminplan enthalten sind. Das Erreichen der Meilensteine und die bis dahin erarbeiteten Inhalten werden benotet. In der Wahl des Themas – und das ist das Allerschwierigste – sind die Schüler frei. Nach der Auswahl werden die Projekte in unterschiedliche Kategorien eingeteilt: Mathematik, Medizin, Physik, Chemie, Biologie, Verhaltensforschung, Raumfahrt, Astronomie und Computer Science. Das Projekt kann theoretisch oder experimentell sein. Die Eltern, deren Kinder ein experimentelles Projekt in Angriff nehmen, trifft man im Baumarkt auf der Suche nach geeigneten Materialien für den Versuchsaufbau. Für die Darstellung des Projektes, Beschreibung, Ziel, Hypothese, Versuchsergebnisse und Schlussfolgerung gibt es ein standardisiertes Layout auf einem Science Board. Diese gibt es im Schreibwarenladen zu kaufen. Schülerinnen schmücken ihr Board gerne noch mit Blümchen, Glitter oder Herzchen. Das Projekt wird zwar von den Lehrern benotet, für den bundesstaatlichen Wettbewerb gibt es jedoch eine Jury, die sich aus technisch interessierten Eltern und Lehrern zusammensetzt. Ab der siebenten Klasse wird außerdem ein Interview des Kandidaten mit den Jurymitgliedern Pflicht. Die fünf besten Projekte einer Kategorie kommen eine Runde weiter, beginnend bei der Schulauswahl, dann auf Distriktebene, Regionalauswahl und dann schließlich der Bundesstaat. Unser Schulbezirk hat 1955 Science Projekte an den Schulen eingeführt.

Unsere Grundschule wurde vor kurzem zu einer Blue Ribbon School gewählt, der höchsten Auszeichnung, die eine Schule bekommen kann. Die Lehrer waren ganz aus dem Häuschen. Um die Auszeichnung in Empfang zu nehmen, sind 4 Lehrerinnen unserer Schule nach Washington D.C. geflogen. In der Schule gab es eine Parade (sie lieben Paraden), alle Schüler trugen blaue T-Shirts, es gab eine Ansprache vom Superintendent, vom Bürgermeister, von einem Vertreter des texanischen Bildungsministeriums aus der Hauptstadt Austin und natürlich von der Schulleiterin. Nebenher spielte die Marching Band der benachbarten High School.

Allerdings gab es ein Problem: Die Schule hätte gerne die Blue Ribbon Fahne vor die Schule an den Mast gehängt. Das ging aber nicht, weil die Blue Ribbon Fahne größer war, als die amerikanische Flagge. Und nach der Flaggenetikette darf das nicht sein. Es hat Monate gedauert, bis man eine Blue Ribbon Fahne erhielt, die ein klitzekleines Stückchen kleiner war.

Mit Ausnahme der Elementary Schools hat jede Schule eine Big Band, ein Streichorchester und eine Marching Band. Es stehen schallisolierte Proben-räume und Kabinen zum Einspielen zur Ver-fügung. In einer hing ein Schild auf dem Stand: „Tune it or die" (Stimme es, oder stirb)

12 Schulfest

Im Oktober war unser erstes Schulfest: Bay Carnival. Bay wegen Bay Elementary School, Carnival eigentlich wegen Karneval, was damit aber nichts zu tun hat. Im Vorfeld hat die Schulleiterin den Eltern als Spendenziel 10.000 Dollar anvisiert. Falls sie das Geld an diesem Tag nicht einnehmen sollten, hat die Schulleiterin versprochen am nächsten Morgen zusammen mit ihrer Stellvertreterin im Pyjama zu erscheinen. Ich erinnerte mich in diesem Moment an die leidenschaftlichen Diskussion in unserem deutschen Förderverein, ob zum Schulfest eine Tasse Kaffee 50¢ oder 1Euro kosten darf. Man hat sich schließlich auf 50¢ geeinigt, weil es für die Eltern sonst zu teuer würde. Wenn wir damals 300Euro bei einem Schulfest eingenommen hatten, haben wir die Sektkorken knallen lassen. Ich freute mich also auf die Schulleitung im Schlafanzug.

Das Fest fand draußen bei herrlichem Wetter stand. Vor der Schule auf der Wiese waren riesige Hüpfburgen aufgebaut, die von High School Schülern beaufsichtigt wurden. Diese müssen pro Jahr 10 Stunden gemeinschaftlichen Dienst in öffentlichen Einrichtungen ableisten und da war das Fest eine willkommene Gelegenheit. Weiter gab es alle Arten von Spielen, Speisen und Getränken für 1 oder 2 Dollar. Außerdem gab es in der Gym (Abkürzung für Gymnasium, die Turnhalle) eine "silent auction". Hier werden ausrangierte Gegenstände der Eltern versteigert. So etwas wie ein Flohmarkt. Federführend beim Schulfest war der Förderverein, der PTA (Parent Teacher Association). Dieser ist organisiert wie ein Berufsverband und ist zuständig für den gesamten Bundesstaat.

Des weiteren ist ein Schulfest eine passende Gelegenheit, Geldspenden von ansässigen Firmen oder Eltern anzunehmen. Die Spendenbereitschaft der amerikanischen Eltern ist sehr hoch und am Ende des Tages musste ich meine Hoffnung auf die Schulleitung im Pyjama aufgeben. Es wurden Einnahmen von mehr als 12.000 Dollar erzielt, die in Verbesserungsprojekte und die Bibliothek investiert werden.

13 Emergency Room

Die Schule war noch nicht ganz beendet, als die Krankenschwester anrief und mitteilte, dass es Raffael nicht gut geht. Ich bin sofort in die Schule gefahren und habe ihn abgeholt. Er hatte leichtes Fieber und klagte über heftige Bauchschmerzen. Beim Drücken auf den Bauch und plötzlichem Loslassen hatte er diesen von mir als Laien gedeuteten Loslassschmerz bei Blinddarmentzündung im rechten Unterbauch. Wir bekamen sofort einen Termin bei der Kinderärztin. Der Krankenschwester schilderte ich meine Beobachtung, verschwand und kam mit der Kinderärztin zurück. Statt ihn zu untersuchen (beim Arzt wird man in den seltensten Fällen angefasst oder abgetastet) sagte sie nur, daß Raffael mit diesen Symptomen sofort in den nächsten Emergency Room müsste und gab mir eine Wegbeschreibung. Letzteres hätte sie sich sparen können, weil ich sowieso schon nervlich am Anschlag war und ich noch nicht ausreichend Ortskenntnisse besaß, um den Emergency Room zu finden. Wir waren gerade einmal 8 Wochen im Land. Ich verlangte nach einer Ambulanz. Man wies mich darauf hin, dass ich die Kosten für die Ambulanz wahrscheinlich selbst bezahlen müsste, was mir in diesem Fall egal war.

Erschwerend kam hinzu, dass sich Christine geschäftlich in Shanghai befand und ich Vincent gleich mit zum Arzt genommen hatte, weil ich nicht wusste, wann ich wieder zurück sein würde.

Mir wurde angeboten mit dem eigenen Wagen hinter der Ambulanz herzufahren, aber Raffael lehnte ab. Also fuhren wir zu dritt mit der Ambulanz ins Krankenhaus, mein Wagen blieb beim Kinderarzt stehen. Mit der Ambulanz ins Krankenhaus zu fahren hat den Vorteil, dass man die Warteschlange bei der Anmeldung umgeht. Wir kamen also gleich in ein Behandlungszimmer mit Fernseher. Bevor der Arzt auftauchte, wurde ich erst einmal vom Buchhalter aufs Herzlichste begrüßt. Er bat um Unterschriften auf etlichen Formularen, von denen ich kein einziges nur überflogen hatte und bat um eine Anzahlung von 300 Dollar. Dann kam endlich die Ärztin, die uns auf das bevorstehende Prozedere aufklärte. Die Krankenschwester nahm eine Blutprobe, es folgten Schmerzmittel, Computertomographie und Ultraschall. Dazwischen gab es ausreichend Wartezeit, die sich die Jungs mit Sendungen auf Disneychannel vertrieben und ich mit Kaffee holen.

Die Kinder werden in Behandlungszimmern untergebracht, die Erwachsenen befinden sich in Kabinen, die mit Vorhängen abgetrennt sind, so wie im Fernsehen. Gegenüber von einem dieser Vorhänge saß ein Polizist. Erst auf meinem dritten Weg zum Kaffeeautomaten verstand ich, warum er dort saß. Gegenüber befand sich ein Patient in einem orangefarbenen Overall, der an der Flucht gehindert werden sollte, sobald er wieder laufen konnte. Ich dachte, ich bin im Kino.

Nach acht Stunden waren dann alle Ergebnisse der Untersuchungen komplett und die Ärztin kam herein, um uns mitzuteilen, dass Raffael nur einen viralen Infekt hat. Zur Demonstration lies sie ihn auf einem Bein hüpfen. Wie vom Schlag gerührt erinnerte ich mich an diesen Test bei unserem deutschen Kinderarzt, mit dem man ziemlich genau eine Blinddarmentzündung ausschließen kann. Ich fragte sie, warum sie ihn nicht gleich zu Beginn hat hüpfen lassen. Sie antwortete, dass es sich bei diesem Test um keine dokumentierbare Diagnose handelt, die in einem Gerichtsverfahren als Beweismittel zugelassen werden würde.

Wir waren jedenfalls alle erleichtert und die Krankenschwester fertigte die Entlassungspapiere an. Schließlich kam noch einmal freudestrahlend der Buchhalter herein, der mich um eine letzte Unterschrift bat. Jetzt mussten wir nur noch mit dem Taxi zurück zu meinem Wagen beim Kinderarzt. Die Wartezeit bis zum Eintreffen des Taxis verbrachten wir im Wartebereich, den wir bisher nicht gesehen hatten. Ich habe mit unseren Kindern schon viele Notaufnahmen gesehen, aber das hier war eine ganz besondere Erfahrung. Einige Patienten schleppten sich todkrank und unter Schmerzen zur Aufnahme. Erfreulicherweise kam dann bald unser Taxi und unser Abenteuer Emergency Room hatte ein Ende. Durch Zufall erhielten wir später von unserer Krankenkasse noch die Abrechnung für unseren Aufenthalt: 18.000 Dollar hat das Krankenhaus berechnet.

Raffael benötigte vor zwei Jahren aufgrund einer Vorerkrankung eine Folgeoperation, die terminbedingt nicht in Deutschland, sondern in den USA durchgeführt werden musste. Wir wussten vorher, dass unsere Expat Krankenversicherung die Kosten nicht übernehmen würde. Nach einer Anzahlung von 9.000 Dollar in Schecks an 3 verschiedene Krankenhäuser, wurde er zur Operation zugelassen. Aufgrund von Komplikationen kam es zu Nachforderungen, so daß die Kosten am Ende auf 18.000 Dollar anstiegen.

Ich trat in Kontakt mit der Auslandsabteilung des KrankenHauses, die auf reiche Ausländer spezialisiert ist, die sich in Houston behandeln lassen und natürlich keine amerikanische Krankenversicherung haben. Die Klientel ist, in diesem Fall genauso wie wir, Barzahler. Uns wurde ein weiterer Rabatt von 2000 Dollar eingeräumt mit dem Hinweis, dass das Krankenhaus bereits einen sehr hohen Rabatt eingeräumt habe. Das war mir nicht klar. Die Dame der Auslandsabteilung lies mich auf ihren Bildschirm gucken und zeigte mir, dass uns 18.000 Dollar als Barzahler in Rechnung gestellt wurden. Wenn wir eine amerikanische Krankenversicherung gehabt hätten, dann wären – so stand in der zweiten Spalte – 86.000 Dollar fällig gewesen. Daraus geht jedoch nicht hervor, wie viel die Krankenversicherung davon übernommen oder an uns als Selbstbehalt abgewälzt hätte.

Die sicherste Methode ohne Krankenversicherung behandelt zu werden ist, solange zu warten, bis es einem richtig schlecht geht. Per Gesetz sind Krankenhäuser und Emergency Rooms, beide gehören nicht unbedingt zusammen, verpflichtet, Patienten kostenfrei zu behandeln, wenn diese lebensbedrohlich erkrankt oder verletzt sind. Die Kosten übernimmt dann der Staat.

Wir können in Deutschland regelmäßig Berichte über das amerikanische Gesundheitssystem lesen. Live dabei ist es noch viel schlimmer. Dabei ist die medizinische Versorgung hervorragend – wenn man sie sich leisten kann. Viele neue Techniken und Therapien kommen aus den USA. Der Arbeitsteilungsgrad ist im Gesundheitssektor ebenso hoch wie in allen anderen Bereichen des Landes. Es gibt Zahnärzte, die ausschließlich Wurzelbehandlungen (Endodontisten) durchführen.

Texas hat mit 75% die niedrigste Krankenversichertenrate in den USA [38]. Dabei ist der Anteil der Kinder, die eine Krankenversicherung haben, signifikant niedriger als bei den Erwachsenen. Hinzu kommt, dass die wenigsten Personen eine Krankenversicherung haben, die alles abdeckt. Der Anteil nicht krankenversicherter Menschen ist bei Hispanos am höchsten. Viele besitzen nur eine Versicherung für den stationären Aufenthalt, andere haben nur eine Versicherung, die Krankheiten, aber keine Unfälle abdeckt. Selten übernimmt die Krankenkasse die Kosten in voller Höhe. Der Selbstbehalt kann bei der Therapie von Krebserkrankungen oder bei größeren Operationen beträchtlich sein. Wenn Patienten die Kosten nicht tragen können, wird oft in der Nachbarschaft oder in der Firma Geld für sie gesammelt. Die Behandlung von Diabetes und die Therapie psychiatrischer Erkrankungen sind von der Krankenversicherung generell ausgeschlossen.

Um Überraschungen zu vermeiden, sollte vor jedem Arztbesuch die Krankenkasse angerufen werden, um abzuklären, wie viel sie erstattet. Außerdem sind die Preise der Ärzte verhandelbar und man kann anständige Rabatte herausschlagen.

Oft sind Arbeitnehmer und ihre Familien über den Arbeitgeber krankenversichert. Falls man seinen Job verliert, verliert man auch die Krankenversicherung.

Erfreulicherweise steigt durch den Affordable Care Act (Obama Care) der Anteil der Krankenversicherten. Zum Leidwesen der Republikaner ist dieses Gesetz ein voller Erfolg und Trump möchte Obama Care am liebsten wieder abschaffen.

Grund für die enorm hohen Kosten sind erst einmal die hohen Margen, die berechnet werden können. Jeder Arzt, jede Klinik ist ein unabhängiges, auf Gewinn ausgerichtetes Unternehmen. Und in diesem Sektor steckt enorm viel Geld. Medikamente kosten hier ein Vielfaches von dem was in Deutschland berechnet wird. Außerdem beinhalten die Kosten einen Aufschlag für das jederzeit vorhandene Verklagungsrisiko.

Subjektiv sieht man im Stadtbild relativ viele Menschen, die körperliche Behinderungen haben, die in frühester Kindheit erfolgreich hätten behandelt werden können.

Im allgemeinen ist es um die amerikanische Gesundheit nicht gut bestellt. Verglichen mit anderen

Industrienationen hat die amerikanische Bevölkerung die geringste Lebenserwartung und die höchste Säuglingssterblichkeit [39]. Die Müttersterblichkeit ist hier 4 mal höher als in Deutschland und 7 mal so hoch wie im Vorzeigeland Norwegen [40]. 36% der amerikanischen Erwachsenen sind übergewichtig, in Deutschland sind es 15% [41]. In Houston sieht es noch ein bisschen anders aus. Houston gehört zu den „fettesten Städten" der Nation. Übergewichtig sind in Houston 51% der Erwachsenen und 39% der Kinder [42].

Tagtäglich wird in den Medien Werbung für Gewichtsreduzierung gemacht. Das ist das zentrale Thema. Der Anteil der Erwachsenen mit Typ 1 Diabetes liegt in den USA bei 9,6% verglichen mit 5,5% in Deutschland. Dabei haben die USA unter den 34 OECD Staaten mit großem Abstand die höchsten Ausgaben im Gesundheitssektor. Die Ausgaben liegen doppelt so hoch wie in Deutschland.

Essen gehen ist hier sehr preiswert und die Eltern der Klassenkameraden kochen nicht mehr. Selbst gefrühstückt wird meistens auswärts. Die Küche in den Haushalten hat, abgesehen von der Mikrowelle, nur noch dekorativen Charakter. Entweder man geht Essen oder man lässt sich etwas bringen. Als ich meinem Nachbarn sagte, dass ich noch Kochen müsste aber eigentlich gar keine Lust dazu habe sagte er: „Matthias, Du bist in den USA! Bestelle Pizza!"

Wie stark die tatsächliche Faktenlage von der persönlichen Wahrnehmung abweichen kann, zeigt eine Umfrage unter den OECD Staaten. Fragt man die Bevölkerung in den einzelnen Mitgliedsstaaten, wie gesund sie ihrer eigenen Einschätzung nach sind, so fühlen sich die Menschen in den USA am gesündesten. Am kränksten fühlen sich die Japaner - die Nation mit der höchsten Lebenserwartung.

Abgesehen von den niedrigen Krankenversicherungsraten haben sich auch andere Errungenschaften des europäischen Sozialversicherungssystems nicht durchgesetzt. Es gibt keine Elternzeit nach der Entbindung, keine Lohnfortzahlung im Krankheitsfall, keine Arbeitslosenversicherung. Das gesetzliche Rentenversicherungssystem ist, wie in Deutschland, ein Umlagesystem. Im Gegensatz zu Deutschland zahlen alle Erwerbstätigen in dieses System ein. Es erhebt jedoch nicht den Anspruch einer Vollabsicherung, daß heißt, es muß zusätzlich private Vorsorge betrieben werden.

14 Youth Symphony Orchestra

Raffael hat in Deutschland – auf eigenen Wunsch, das muss betont werden – mit dem Geigenspiel angefangen. Wenn es ans Üben ging, ist der Geigenbogen öfter durch das Wohnzimmer geflogen. Sein Geigenlehrer war begeistert wie leidenschaftlich er ist. Wir dachten, dass er mehr Motivation zum Üben hätte, wenn er in einem kleinen Orchester spielen würde. Nur Fußballtraining ohne Spiel macht auch keinen Spaß. Im näheren Umkreis war in Deutschland jedoch nichts zu finden. Also haben wir in den USA die Gelegenheit beim Schopf gepackt. Christine hat ihn, zunächst ohne sein Wissen und um unser Mobiliar zu schonen, zum Vorspielen im Bay Area Youth Symphony Orchestra angemeldet. Das BAYS besteht eigentlich aus drei Orchestern. Für die jüngsten Kinder und solche mit wenig Erfahrung gibt es das Preparatory Orchestra. Kinder mit mehr Spielerfahrung nehmen am String Orchestra teil. Und Schüler, die schon richtig gut sind und eine Menge Erfahrung haben, sind Teil des Symphony Orchestra. Schon die Website versprach Professionalität und wir meldeten ihn online für ein Vorspiel für das Preparatory Orchestra an. Die Gebühr für das Vorspiel betrug 50 Dollar und der

Termin für die Audition sollte gleich nach unserem Urlaub sein. Der Termin ließ sich noch etwas nach hinten verschieben, damit er wenigstens noch ein paar Tage zur Vorbereitung hatte. Der Dresscode, wie man zum Vorspiel erscheinen soll, steht auf der Website: "Dress for success!", schwarze Hose, weißes Hemd, schwarze Socken und Schuhe. Die Kriterien für das Vorspiel und die Aufnahme im Orchester sind auf der Website klar definiert. Etwas früher als vereinbart, trafen wir an der Westbrook Intermediate School ein, wo auch die Proben stattfinden. Raffael wurde auf der Anmeldeliste abgehakt und gebeten, sich in einem schallisolierten Übungsraum einzuspielen. Er war fürchterlich nervös. Ich erfuhr, das sich etwa 50 Kinder zum Vorspielen angemeldet hatten.

Zum Vorspiel hatte er sich ein Stück aus seinem Suzuki Lehrbuch ausgesucht. Kurz bevor er an der Reihe war, kam ein etwa 2 Jahre jüngerer, asiatisch aussehender Junge herein. Während wir warteten, schaute sich Raffael heimlich das Stück des Jungen an, das er zu Spielen beabsichtigte. Raffael war entsetzt: Es war das schwierigste Stück im Heft. Als Raffael aufgerufen wurde reichte ich ihm noch die Noten hinterher. Die Mutter des kleinen Jungen war überrascht und fragte, ob man nicht auswendig spielen müsste. Raffael verschwand also im Vorspielraum und kam nach 10 Minuten wieder heraus. Man teilte uns mit, dass wir innerhalb einer Woche von der Orchesterleitung erfahren würden, ob er aufgenommen wird. Während der Fahrt nach Hause war Raffael immer noch sprachlos über den asiatischen Jungen. Viel jünger als er, das schwerste Stück im Heft und dann konnte er es auch noch auswendig spielen. Zu Hause angekommen spurtete er sofort zu seinem Notenständer und übte dieses Stück.

Noch am selben Abend erhielten wir per Email die Zusage, dass Raffael für das Preparatory Orchestra zugelassen ist. Saisongebühr 240 Dollar und Probe jeden Sonntag nachmittag. Es macht ihm sehr viel Spaß und er übt freiwillig ohne weiteres Bogenschleudern.

Einmal im Jahr gibt es für die Schüler und die Eltern einen besonderen Leckerbissen. Sie dürfen zusammen mit einem der großen Orchester spielen. Letztes Jahr spielte BAYS zusammen mit dem Houston Symphony Orchestra in der Jones Hall im Theater District in Houston. Dieses Jahr stand ein Konzert im Opernhaus von Galveston mit dem Galveston Symphony Orchestra auf dem Plan. Es war ein riesiges Spektakel, weil etwa 200 Musiker auf der Bühne Händels Ouvertüre von Royal

Fireworks gespielt hatten. Tickets für die Eltern waren kostenlos.

BAYS ist rein privat organisiert und so etwas wie ein steuerbefreiter Verein, eine non-profit Organisation. Die Probenräume müssen vom Schulbezirk angemietet werden. Außerdem muss die Benutzung des Parkplatzes und der Klimaanlage bezahlt werden. Zur Zeit haben alle BAYS Orchester etwa 100 Musiker. Ohne private Spenden oder Zuwendungen von Firmen lässt sich BAYS trotzdem nicht finanzieren. Hier hilft die große Spendenbereitschaft der Amerikaner. Sie weigern sich hartnäckig hohe Steuern zu bezahlen und spenden bevorzugt an die Organisationen, die sie direkt unterstützen möchten.

Außerdem lieben sie es namentlich mit oder ohne Foto in Magazinen abgedruckt zu werden (z.B. Programme von Oper, Ballett etc.). Die Spender werden dann in Spendengruppen eingeteilt. Bei BAYS kommt man ab 100 Dollar in den Bronze Level, ab 250 Dollar ist man im Silver Level, der Gold Level ist ab 500 Dollar zu haben und mit 1000 Dollar hat man es in den Platin Level geschafft. Dazu kann man dann noch T-Shirts kaufen, auf denen die Namen der Spender aufgedruckt werden. Der Level bestimmt die Schriftgröße auf dem T-Shirt.

15 Football, Baseball, Basketball

Wer hier wohnt, muss wenigstens einmal im Stadion gewesen sein, um eine der großen Sportarten zu sehen. Auch wenn einen der Sport überhaupt nicht interessiert, ist es wegen des Spektakels einen Besuch wert.

Unser erstes Spiel war Football und es spielten die Houston Texans gegen die Miami Dolphins. Football wird im Reliant Stadium ausgetragen, das etwa 70.000 Besucher beherbergen kann. Das Spiel fand im Sommer statt und wir dachten, dass wir im Stadion ordentlich schwitzen würden. Wir haben die Rechnung ohne die Klimaanlage gemacht: Das Stadion ist vollklimatisiert! Europäer benötigen eine Jacke! Um das Spiel herum gibt es viel Entertainment, zu Essen, zu Trinken und auf dem Stadionparkplatz wird gegrillt (Tail Gate Party). Die Fans, die sich kein Ticket leisten können, gehen wenigstens zur Tail Gate Party. Tail Gates nennt man die Kofferraumklappen der SUVs und Pickups.

Die Ticketpreise liegen zwischen 70 und 400 Dollar. Es geht bei einem Footballspiel nicht wirklich um Football, sondern um das Entertainment. Es ist deshalb für Familien mit Kindern prima für einen Ausflug geeignet. Es fliegen keine Fackeln, Toilettenpapierrollen, Bierbecher oder Flaschen, es wird nicht gegrölt und es gibt keine pöbelndes Fans – jedenfalls nicht so viele. Diejenigen, die zu viel grölen, werden in Handschellen abgeführt. Alles ist sehr friedlich und entspannt. Und wenn es mehr um die Unterhaltung geht ist es auch egal, ob nebenher Football, Baseball oder Sackhüpfen gespielt wird.

Wir hatten uns im Vorfeld versucht mit den Spielregeln vertraut zu machen, was nur teilweise gelang. Es geht prinzipiell um Feldgewinn, der yardweise gemessen wird. Die Arbeitsteilung der Spieler ist enorm groß und jeder bleibt bei seiner Aufgabe und macht nichts anderes. Wie im Berufsleben. Es gibt also Spieler, die den Ball immer bekommen und welche, die ihn während ihrer gesamten Footballkarriere nicht einmal berühren. Komplex wird die ganze Sache bei Fouls. Die Regeln für die Fouls sind umfangreicher als die Regeln für die einzelnen Spielzüge. Es gibt durchaus Unterschiede wie man einen Spieler von den Füßen reisst und unter sich begräbt. Fouls werden informativ mit gelben Fähnchen angezeigt und über die Stadionanlage durchgesagt. Wir haben die Regeln aber nie wirklich begriffen.

Irgendwann kommen die Teams zum Warmmachen auf das Spielfeld in einer Mannschaftsstärke von etwa 60 Personen. Nebenher läuft ein Video mit Bionic Figuren in den Farben der Texans und der Dolphins, in dem die Dolphins massakriert und zerstört werden. Die Texans gehen natürlich als Sieger hervor.

Die wichtigsten Spieler von Houston werden vorgestellt, die von Miami nicht. Nach obligatorischen Nationalhymne geht es dann endlich los. Ein Footballspiel dauert 4x15 Minuten reine Spielzeit. Das Spiel fing um 19 Uhr an und war um 22:30 beendet. Das heißt, 2 1/2 Stunden abzüglich 10 Minuten Halbzeitpause waren gefüllt mit Cheerleading, Werbung und der Salutierung von Armeeangehörigen, die aus der Houstoner Gegend stammen. Diese werden mit Namen, Rang und dem Ort des letzten Kriegseinsatzes begrüßt. Eigentlich ist ein Footballspiel eine große Werbepause und in den Pausen der Werbepause wird gespielt. Ein Spielzug dauert gefühlte 20 Sekunden und dann kommt Werbung, Musik oder Cheerleading. Man geht während des Spiels mehrmals nach draußen, um sich etwas zu Essen oder zu Trinken zu holen. Manche gehen bereits nach der Halbzeit aus dem Stadion, weil sie vielleicht noch andere Pläne haben. Für Houston kam es zu 4 Touchdowns, für

Miami zu 3 Touchdowns, alles in allem gewann Houston mit 24:17. Der Stadionsprecher beglückwünschte die Texans bei jedem Punktgewinn aber nicht die von Miami, die waren ja der Feind. Alles in allem ein gelungenes, nettes Fest für die ganze Familie und für alle Bevölkerungsschichten.

Ein Baseballspiel haben wir uns im legendären Fenway Park in Boston angeschaut. Die Regeln beim Baseball sind weniger komplex aber ohne vorherige Einarbeitung nicht zu durchschauen. Die Spielzüge sind ähnlich ausgedehnt wie beim Football. Ein Spielzug dauert keine 30 Sekunden. Es gibt Spieler auf dem Feld, die sich während des gesamten Spiels nie bewegen. Deshalb sind Baseballspieler etwas übergewichtig. Ansonsten ist das Entertainment drumherum genauso nett wie beim Football. Cheerleading, Nationalhymne, Ehrung von Armeeangehörigen usw.

Unser letzter Stadionaufenthalt war letzte Woche beim Basketballspiel der Houston Rockets gegen die San Antonio Spurs. Die Ticketpreise lagen zwischen 120 und 3500 Dollar. Beim Basketball passiert etwas. Das ist spannend. Ein Spielzug dauert zwar nur 24 Sekunden, aber der nächste folgt meist ohne Pause. Die Spielzeit beträgt 4 mal 12 Minuten, aber man ist trotzdem erst nach 3 Stunden wieder draußen. Die Spielregeln sind für

Europäer leichter zu verstehen und Basketball ist viel kurzweiliger als die anderen Sportarten.

Fußball, also Soccer, hatte während der letzten Weltmeisterschaft mehr Fernsehzuschauer als Baseball. Trotzdem hat Soccer hier in Ermangelung der fehlenden Werbepausen keine Chance, von den großen Fernsehsendern regelmäßig übertragen zu werden.

Breitensport oder Sportvereine wie in Deutschland üblich, gibt es in den USA nicht. Der Sport und die Förderung des Nachwuchses erfolgt an den Schulen und an den Universitäten, wo er eine sehr große Rolle spielt. Schulbezirke, High Schools und Universitäten haben ihre eigenen Mannschaften, ihr eigenes Stadion für Football und Leichtathletik oder ein Schwimmstadion. Erfolgreiche Universitätsmannschaften sind eine Marke und dienen als Aushängeschild, um Studenten und Sponsoren anzuziehen. Folglich wird reichlich Geld in die Förderung gesteckt. Statt Wettkämpfe zwischen Vereinen gibt es Spiele zwischen Schulen und Universitäten. Und jeder dieser Spieler träumt von einem Vertrag bei einem Proficlub.

Die Hoffnung aller Eltern sich das Schulgeld für das College oder die Hochschule in Höhe von mindestens 100.000 Dollar sparen zu können, liegt in einem Sportstipendium (Scholarship). Deshalb ist hier der Wettbewerb gnadenlos und wird ähnlich ehrgeizig wie bei uns der Fußball betreut. Die texanische Haus- und Hof Universität Texas A&M vergibt jedes Jahr fünf Schwimmsportstipendien.

16 Apotheke

Ich hatte endlich den Well-Check bei meiner Ärztin gemacht, der Bedingung für ein Rezept für meine Cholesterintabletten ist. Die Ärztin schickte das Rezept online zur Apotheke meiner Wahl und konnte das Medikament eine halbe Stunde später war abholen. Statt einer Standardverpackung, wie sie bei uns aus dem Regal gezogen wird, bekam ich hier ein kleines Döschen. Die darin enthaltenen Pillen werden mit der Hand abgezählt. Dafür hat jede Apotheke, die natürlich zu einer Kette gehört, 3 bis 4 Mitarbeiter. Wie man eine Produktverwechselung vermeidet und die korrekte Befüllung dokumentiert, die die strengen GMP Standards verlangten ist mir schleierhaft.

An der Kasse wird man noch freundlich gefragt, ob man Fragen zur Einnahme hat. Im Falle eines Antibiotikums hatte ich eine Frage, die vom Apotheker sehr freundlich beantwortet wurde. Ich las mir den Beipackzettel dennoch durch und es stellte sich heraus, dass die Antwort des Apothekers falsch war.

Blisterpackungen, die mit der Folie zum Herausdrücken der Tablette, gibt es in der Apotheke nur im OTC Bereich (Over the Counter) für rezeptfreie Medikamente. Diese Verpackungen sind nicht nur kinder-, sondern auch erwachsenensicher. Ohne Schere kann man sie nicht öffnen. Apotheken werden nicht mehr durch unabhängige Eigentümer geführt. Sie sind immer Teil einer Kette.

17 Handwerker

An einem Sonntag kam unser Nachbar zu uns gestürmt und teilte uns mit, dass unsere Einfahrt unter Wasser steht. Wir hatten das Plätschern auch gehört, es aber mit seinem Springbrunnen verwechselt. Es stellte sich heraus, dass die Wasserleitung, die von außen ein kleines Stück oberirdisch ins Haus führt, gebrochen war. Glücklicherweise war es keine Leitung im Haus. Wir riefen den Klempnernotdienst an, mit dem unser Vermieter einen Wartungsvertrag hat. Der Handwerker hat die Leitung zunächst notdürftig abgedichtet, um dann am darauffolgenden Tag mit den erforderlichen Ersatzteilen zurückzukehren. Er sägte zunächst einige Winkel und Rohrleitungsstücke aus. Die stark korrodierte Absperrarmatur blieb unbehelligt. Ich bat ihn, die Armatur ebenfalls auszutauschen, weil sie demnächst nicht mehr zu benutzen sein würde. Er wollte aber nicht, weil das erstens im Leistungsumfang nicht enthalten war und zweitens, weil die Armatur noch funktioniert. Die goldene Handwerkerregel lautet: „If it ain't broken, don't fix it – reparier nichts, was nicht kaputt ist. Schließlich lötete er alles wieder zusammen. Er rief mich, um mir zu sagen, dass er fertig sei. Die Leitung war wieder dicht, aber die rechten

Winkel waren alle verschwunden, es sah alles etwas schief aus. Ich fragte ihn unverfänglich, was er denn in seinem Berufsleben schon alles gemacht hätte. Er erwiderte, dass er noch vor einem halben Jahr bei Southwest Airlines am Ticketschalter gearbeitet hat.

Irgendwann regnete es heftig bei starkem Südwind. Es lief Wasser von außen durch die Decke und an einem Regal herunter. Ich machte Fotos und schickte sie unserem Vermieter. Er antwortete, dass ich die Schwachstelle in seinem Haus gefunden hätte. Bei Starkregen und Südwind kommt immer Wasser durch die Decke. Er hatte schon etliche Dachdecker erfolglos mit der Reparatur des Daches beauftragt. Sein letzter Dachdecker sagte, daß man da nichts machen könne. Ein Haus sei schließlich kein U-Boot.

Als die Klimaanlage defekt war riefen wir unseren Handwerker für Klimaanlagen. Sie schickten eine jungen Mann zu uns, der die Ursache herausfinden sollte. Er wusste anscheinend nicht so richtig, was er machen musste. Er telefonierte dann mit den "Back-Office", weil dort jemand saß, der im erklärte, was zu tun ist. Es stellte sich heraus, daß die Klimaanlage Kältemittel verliert. Er füllte Kältemittel nach, ohne nach dem Leck zu suchen. Darauf angesprochen erwiderte er, dass man das

Leck nicht lokalisieren kann. Es könne aber nicht groß sein, sonst hätte die Anlage seit Eintritt der Störung noch viel mehr Kältemittel verloren. Die nachgefüllte Menge würde aber in jedem Fall für längere Zeit reichen.

Der Ehemann der Klavierlehrerin unserer Kinder war bis vor einem halben Jahr Lehrer. Als er keine Position als Schulleiter bekam, hat er eine Anstellung bei einer der großen Öl- und Gasfirmen hier in der Gegend gefunden. Er verschwand 3 Monate auf Lehrgang und ist jetzt Gas- and Oil Drilling Specialist und verdient mehr Geld als an der Schule.

Etwa 2 Tage nachdem ich meinen Chevrolet Traverse bei Carmax gekauft hatte, leuchtete die Airbaglampe auf. Aufgrund der Gewährleistung wollte ich den Schaden bei Carmax und nicht bei einem Chevrolethändler reparieren lassen. Man versicherte mir, sich sofort darum zu kümmern. Abends holte ich den Wagen wieder ab. Die Airbaglampe leuchtete nicht mehr und ich verließ den Händler in der Annahme, dass die Ursache für die Airbagwarnung behoben wurde. Wenn ich zu diesem Zeitpunkt schon gewußt hätte, dass Probleme nicht gelöst werden, wenn es kompliziert wird, sondern man dann fantasievoll nach Workarounds sucht, dann wäre ich bereits skeptisch geworden.

Handwerker

Es waren noch Schulferien und ich beschloss, mit den Kindern an den Strand nach Galveston am Golf von Mexiko zu fahren. Galveston war nur eine 40 minütige Autofahrt von uns entfernt. Nach unserem Strandtag machten wir uns auf den Weg nach Hause, als Vincent während der Autofahrt sagte, dass es seltsam riecht. Ich öffnete das Fenster, aber von draußen kam der Geruch nicht. Nach kurzer Zeit bemerkte ich starke Rauchentwicklung unter mir. Der Fahrersitz fing an zu brennen. Ich verließ die Straße, stellte den Wagen in der Einfahrt eines Hotels ab, ließ die Kinder aussteigen und rannte zur Rezeption, um die Feuerwehr alarmieren zu lassen. Mitarbeiter des Hotels löschten den Fahrersitz, bis zum Eintreffen der Feuerwehr wäre der Wagen abgebrannt (was nicht das schlechteste gewesen wäre). Ich ließ den Wagen zu Carmax schleppen, was im Nachhinein betrachtet, keine gute Idee war. Ich hätte ihn direkt zu Chevrolet bringen lassen sollen. Christine holte uns ab und wir fuhren nach Hause. 2 Tage später konnten wir zusammen den Fire Report bei der Feuerwehr abholen, den man für die Versicherung benötigt.

Nach langem Hin und Her wurde das Fahrzeug vom Gebrauchtwagenhändler zur Chevrolet-werkstatt geschleppt und ich erhielt einen Mietwagen von der Versicherung. Ein Sachverständiger der Versicherung begutachtete das Fahrzeug in der Werkstatt und gab die Reparatur frei. Der Sachverständige und der Schadenabwickler der Werkstatt waren sich einig, daß der Airbagsensor, der sich unter dem Fahrersitz befindet, manipuliert wurde. Beweisen ließ es sich nicht. Die ersten Ersatzteile wurden bestellt, nachdem die Versicherung des ersten Scheck geschickt hatte. Nach etwa 2 Wochen wurde ich etwas ungeduldig und rief in der Werkstatt an. Man versicherte mir, dass die Reparatur jetzt zügig von Statten gehen würde, ein neuer Sitz sei letzte Woche aus Detroit eingetroffen. Christine sagte, wenn sie in der Werkstatt so arbeiten wie bei ihr im Büro, dann sollte ich jeden Tag anrufen und höflich nachfragen, wie der Status der Reparatur ist. Nach einigem Zögern habe ich mich auf diesen Wadenbeißerjob eingelassen. Ich rief jeden Tag an und fragte höflich, wie weit man ist und was für den nächsten Tag geplant sei. Nach weiteren 2 Wochen war es dann fast soweit. Die Werkstatt sagte, es sei alles fertig, jetzt müsste nur noch das Feuerlöschpulver aus dem Innenraum gesaugt werden. Mir ist fast der Kragen geplatzt. Ich fragte, warum man denn das Pulver nicht in den letzten vier Wochen entfernt hätte. Man erwiderte, dass das der letzte Arbeitsschritt auf der Liste ist. Wenn man eine Checkliste hat, kann man das Gehirn abstellen. Am darauffolgenden Tag sollte es soweit sein, ich könnte den Wagen abholen. Aber: Die letzte Zahlung der Versicherung war noch nicht eingetroffen. Wir verabredeten einen Conference Call mit der Versicherung. Zu dritt haben wir uns dann über die Reparatur unterhalten und die Werkstatt bestätigte, dass der Wagen bereit zur Übergabe sei, wenn das Geld der Versicherung einträfe. Man diskutierte ob die gefaxte Kopie des Schecks für die Restzahlung und anschließender Zusendung per Post für die Werkstatt akzeptabel sei. Ja, sei es. Dann war ja alles im Lot. Christine fuhr mich in die Werkstatt, man zeigt mir den neuen Fahrersitz und bedauerte noch einmal, dass es so lange gedauert hat. Ich bedankte mich und begab mich auf den Weg nach Hause. Einige Minuten später leuchteten die ABS- und die Bremswarnleuchte auf. Das Abenteuer Werkstatt war noch lange nicht zu Ende.

In den USA gibt es kein Duales Ausbildungssystem, in dem man nach der Schulausbildung entweder eine Lehre oder ein Studium beginnt. Es gibt keine Ausbildungsberufe mit anschließender Zertifizierung als Geselle oder Meister, die ein festgelegtes Maß an Qualität bieten. Wer nicht studiert, wird für seinen Beruf angelernt. Wenn jemand meint Dächer reparieren zu können, dann nennt er sich Dachdecker. Die USA sind ein freies

Land und jeder kann alles, wenn er nur will. Das ist die hiesige can-do Haltung, mit der die Kinder aufwachsen und was sich bis in das Erwachsenenalter hält. Deutsche Ausbildungsberufe im Gesundheitswesen wie zum Beispiel Krankenschwester, Arzthelferin oder Physiotherapeut sind Studiengänge. Deutsche mit einer soliden Handwerkerausbildung können in den USA steinreich werden.

Das Berufsleben ist nicht strikt eingefahren wie in Deutschland, wo man nach der Ausbildung bis zur Rente nur einen Beruf ausübt. Menschen, die zwei oder gar drei Lehren beginnen, werden schon mit Unverständnis betrachtet. Nach zehn Jahren einen neuen Beruf erlernen zu wollen, ist völlig unmöglich und Arbeitnehmer, die jenseits der fünfzig ihren Arbeitsplatz verlieren, haben fast keine Chance mehr.

Der amerikanische Arbeitsmarkt erlaubt eine für uns unbekannte Flexibilität. Nach ein paar Jahren den Beruf zu wechseln ist nicht ungewöhnlich. Einige Erwachsene, die nach der Schule nicht die finanziellen Mittel für ein Studium aufbringen konnten, sparen während ihrer Berufstätigkeit so lange, bis sie sich einen Platz am College oder an der Universität leisten können.

18 Rodeo

Wer in Texas zu Hause ist, muss ein Rodeo gesehen haben. Wir trafen uns also mit mehreren Familien zum Bullriding Event in Pasadena, nicht weit von uns zu Hause. Es herrschte Volksfeststimmung und wie bei einer deutschen Kirmes gab es zahlreiche Stände mit Getränken und Speisen, Verkaufsstände für typisch texanische Artikel wie Cowboystiefel, Hüte, Schmuck und vielem anderen mehr. Ein Rodeo ist ein typisch texanisches Familienfest. Die meisten Besucher trugen traditionelle Boots und Cowboyhüte.

Neben den zahlreichen Freßbuden konnten die Kinder zur Live Stock Show in ein Zelt gehen, um sich Ziegen, Schafe und Kühe anzuschauen. Direkt nebenan gab es einen Rekrutierungsstand der Armee.

Irgendwann war es Zeit in die Arena zu gehen, um sich einen geeigneten Sitzplatz zu suchen. Das Rodeo bestand aus drei Veranstaltungsteilen: Der erste Teil begann mit dem Einmarsch von Soldaten, die vor sich eine riesige Flagge trugen. Dann rief der Stadionsprecher die Zuschauer auf, sich zur schönsten Nationalhymne der Welt zu erheben

("Please stand for the most beautiful national anthem in the world!"). Die Hymne ertönte und wurde von einem Cheerleader gesungen. Anschließend folgte eine Parade mit Armee-Jeeps, auf die Flaggen montiert waren. Während der Parade werden auf einer riesigen Leinwand Kriegsszenen eingeblendet, in denen die amerikanische Armee ruhmreich und heldenhaft als Sieger hervorgeht. Die Szenen sind sehr lebendig dargestellt und der Marsch durch Blutlachen und über Leichen hinweg veranschaulicht den enormen Einsatz, mit dem die Armee auf fremdem Territorium die Freiheit der USA verteidigt. Die Zuschauer sind total begeistert und dann beginnt Teil 2, das eigentliche Rodeo.

Amateure und Profis versuchen so lange auf einem Bullen, dem die Genitalien mit einer Kordel abgebunden werden, sitzen zu bleiben, wie es geht. Wer am längsten oben bleibt hat gewonnen. Zwei Clowns standen bereit, um den Abgeworfenen zu Hilfe zu eilen und um den Bullen von seinem Reiter abzulenken. Die Profis trugen Helme statt des Cowboyhutes und eine Reihe von Protektoren für den Rücken und die Beine. Verletzungen sind schließlich mit Verdienstausfall verbunden. Einige abgeworfene Reiter wurden in die bereitstehende Ambulanz getragen. Nachdem ein gutes Dutzend Bullen durch die Arena getrieben wurde, unterbrochen von etlichen Werbepausen und Showeinlagen der Clowns, durften Kinder ihr Glück versuchen und auf Schafen reiten. Sie trugen dabei Fahrradhelme. Zum Abschluß folgte ein Konzert einer lokalen Rockband. Nach einem Rodeotag ist man erst einmal erschöpft von den zahlreichen Eindrücken und muß erst einmal die Gedanken sortieren.

19 Sonnencreme für Alle

Im Sommer ist es in Texas brütend heiß. Ab 10 Uhr sind 35°C und 90% Luftfeuchte keine Seltenheit. In den Sommerferien haben unsere Kinder deshalb Freunde zu einer Poolparty eingeladen. Zunächst waren zwei Freunde von Raffael aus der Nachbarschaft bei uns. Eine Mutter fragte, ob ich denn am Pool bleiben würde. Auf die Frage, ob ihr Sohn schwimmen kann, sagte sie ja, aber nicht so gut. Ich war alarmiert. Als die Jungs knietief im Wasser waren, fragte ich noch Raffaels zweiten Freund, ob er schwimmen könnte. "Wie tief ist es denn?". Ich sagte, wenn er schwimmen könne, wäre es doch egal wie tief es ist. Ich schob aber noch nach "An der tiefsten Stelle ist es 6 Fuß (2m) tief!" nach. Die Antwort war: "Oh, ich glaube nicht, dass ich bei 6 Fuß schwimmen kann." Amerikaner können alles, nur nicht bei 6 Fuß Wassertiefe. Ich entschied mich, die nächsten Stunden am Poolrand zu verbringen und aufzupassen, dass niemand ertrinkt. Ich witterte die Rechtsanwälte von Weitem. Selbst durfte ich nicht zusammen mit den Kindern in den Pool. Das hätte falsch ausgelegt werden können. Würde ich mein Kind in Nachbars Pool bringen, wenn es nicht schwimmen kann?

An einem anderen Tag lud Vincent zwei Freunde aus der Schule ein. Diesmal war ich erleichtert, weil alle Kinder Mitglieder der Seabrook Stingrays, dem örtlichen Schwimmclub waren. Aber es gab eine andere Herausforderung. Es war erneut brütend heiß und ich bewaffnete mich mit Sonnencreme für die Kinder. Auf dem Weg nach draußen hielt ich inne. Ich hatte im Pool zwei Weiße und einen Afro-Amerikaner. Wenn ich jetzt allen Dreien Sonnencreme anbiete, hält der Schwarze mich vielleicht für einen ungebildeten Weißen. Wenn ich nur den beiden Weißen Sonnencreme anbiete, hält mich der Schwarze vielleicht für einen Rassisten. Bevor ich die Option "ungebildet" in Betracht zog, schickte ich Christine schnell eine SMS ins Büro. Sie wußte auch keine Antwort, fragte aber schnell ihre Kollegin. Die Antwort kam eine Minute später: Alle werden gleich behandelt, niemand wird wegen seiner Hautfarbe diskriminiert, jeder bekommt Sonnencreme. Außerdem wusste ich nicht – also doch ungebildet – dass Schwarze auch Sonnenbrand bekommen können. Erleichtert lief ich nach draußen zum Pool und bot allen Kindern Sonnencreme an – alle lehnten ab.

Nach 2 Stunden waren sie erschöpft und kamen ins Haus, um sich zu erholen und um etwas zu Essen. Ich bot ihnen an, sich in den Badezimmern der

Kinder diskret trockene Badesachen anzuziehen. Sie taten es nicht. Badesachen werden in der Öffentlichkeit nicht gewechselt. Sie wickelten sich nur ihr Handtuch um und setzten sich an den Esstisch.

Wir lernten bei unseren ersten Strandausflügen nach Galveston, das am Golf von Mexico liegt, dass man sich am Strand und auch sonst wo nicht umzieht. Es gibt außerdem keine Umkleidekabinen. In einem Land, in dem selbst die Kinder ihre eigenen Eltern nie nackt sehen, zieht man sich nicht in der Öffentlichkeit um. Das wäre ziemlich unzivilisiert.

Als ich mit Raffael im Wasser war, hat uns die Lifeguard aus dem Wasser gepfiffen. Sie wies uns darauf hin, dass Raffael nur bis zur Brust ins Wasser darf. Ich fragte sie warum, er könne schließlich schwimmen. Ganz amerikanisch bescheiden habe ich noch hinzugefügt: "He is a bronze medalist." Sie sagte, dann wäre es ok. Sie sei vorsichtig, weil 80% der Amerikaner nicht schwimmen können.

Sonnencreme für Alle

20 Hurrikan Saison

Die südlichen Küstengebiete der USA, vor allem die Regionen am Golf von Mexiko, haben ein erhöhtes Hurrikanrisiko. Als wir in Houston ankamen war die erste Nachricht, die uns empfing: „Hurricane Season Is Here, Be Prepared!". Unser Haus liegt direkt am Wasser und gehört deshalb zum potentiellen Überflutungsgebiet und liegt im Evakuierungsbereich des Großraums Houston. Schon vor unserem Umzug habe ich uns alle möglichen Informationen beschafft, die man benötigt, um eine Hurricane Season zu überstehen, die von Mai bis November andauert. Von einem Hurrikan gehen zwei Gefahren aus. Es ist der Wind und das Wasser. Das Informationsmaterial, das man im Internet herunterladen kann, betrifft Kartenmaterial über Überflutungsgebiete, Evakuierungsrouten für Autofahrer, Checklisten für Nahrung, Dokumente, Kommunikationsketten und was man sonst so braucht, wenn man im Evakuierungsstau steht und eventuell outdoor übernachten muss. Alles ziemlich spannend für einen Mitteleuropäer. Die Menge an Informationen, die man bekommen kann, sind erschlagend. Vor allem weil sich drei unabhängige Behörden mit Hurrikanen beschäftigen, was manchmal zu Zuständigkeitsproblemen führt, wie bei dem Wirbelsturm Sandy gesehen hat, der den Osten der USA verwüstete.

Man bekommt folglich von allen erdenklichen Seiten Warnungen zur Vorbereitung. Unsere Hurricane Box ist in der Saison immer einsatzbereit und enthält ein Radio, Taschenlampe, eine Karte mit den Evakuierungsrouten, nicht verderbliche Nahrungsmittel, Teller, Becher, Büchsenöffner und zwanzig andere Artikel. In der Garage stehen 50 Liter Trinkwasser in Kanistern, und 40 Liter Kraftstoff für den Wagen. In der Saison lasse ich den Kraftstofftank unseres Fluchtfahrzeugs nicht unter Zweidrittel sinken und tanke alle 4 Tage. Wir haben weiterhin einen NOAA[1] Funkempfänger gekauft, der im Notfall Alarm schlägt. Allerdings schlägt er auch Alarm bei Gewitter, der Entführung von Minderjährigen und bei verirrten Senioren. Außerdem haben wir in der Familie einen Treffpunkt vereinbart, falls es nicht alle Familienmitglieder nach Hause schaffen. Das hört sich alles nach ganz großem Kino an und die tatsächliche Bedrohung scheint irreal.

Die Gemeinde selbst bot einen Hurricane Work shop kurz vor Beginn der nächsten Hurricane Sea-

---

1   National Oceanic and Atmospheric Administration

son an. Christine und ich sind hingegangen, in der Hoffnung, noch mehr zu erfahren, als wir ohnehin schon wussten. Nun, es war mehr eine Emotions- als eine Informationsveranstaltung. Der Vortragende trug seine Erlebnisse während des letzten Hurricanes in 2009 vor, während dessen auch das Haus unseres Nachbarn dem Erdboden gleichgemacht wurde. Er schilderte dramatisch, wie schlimm alles war und welcher Aufwand dahinter steckte, die Trümmer eines Hauses von der städtischen Kläranlage herunterzubekommen. Er mache sich eigentlich keine Sorgen um die Anwesenden, die würden sich schon vorbereiten, sondern eher um diejenigen, die nicht zur Veranstaltung gekommen seien. Substanzielles gab es nicht, außer den Weblinks, die wir schon hatten. Christine und ich schauten uns verwundert in die Augen und gingen nach Hause.

21 Fischöl

Meine Blutfettwerte sind zu hoch und das war schon immer so – alles genetisch. Also nehme ich Tabletten. Als ich meine neue Ärztin hier um ein Rezept bat, habe ich die Rechnung ohne die lokalen Standards und Checklisten gemacht. Ein Rezept erstellen geht nicht einfach so. Zu Beginn kommt das Well-Exam, das dazu dient, festzustellen, welche Werte im gesunden Zustand vorliegen. An sich eine feine Sache. Es kam erst mal das Labor mit der üblichen Blutabnahme an die Reihe und dann folgte die eigentliche Untersuchung. Für das EKG kam die Krankenschwester mit einem riesigen blauen Umhang und einem weissen Tuch. Für das EKG müsste ich den Oberkörper frei machen (was sonst) und den blauen Umhang anziehen. Sie verließ das Zimmer. Was ich mit dem weißen Tuch sollte, weiß ich bis heute nicht. Nun, sonderbar, ich hüllte mich in den blauen Umhang. Dann klopfte sie an, fragte durch den Türspalt, ob ich den Umhang trage und kam herein. Dann begann sie, die Elektroden umständlich unter dem blauen Umhang auf meine Brust zu kleben. Ich hatte irgendwie Mitleid, schlüpfte aus dem Umhang heraus und sagte, ich wollte ihr die Arbeit etwas erleichtern, weil sie ohne Umhang besser sieht, wo sie die Elektroden platzieren muss. Wir in Deutschland hätten ohnehin keine Umhänge. Sie erreichte fast Schnappatmung und antwortete, daß viele Länder so etwas noch nicht haben. Ich war meinerseits entsetzt und wollte entgegnen, dass wir vor 100 Jahren wahrscheinlich auch Umhänge hatten, aber ich hielt mich zurück und schlüpfte zurück in mein blaues Kleidchen. Ich wollte nicht gleich beim ersten Arztbesuch als Exhibitionist durchgehen. Dann kam die Ärztin, die durch den Umhang hindurch meinen Oberkörper abhörte. Bei späteren Besuchen stellte sich heraus, daß das Herz immer durch die Kleidung abgehört wird. Mein Rezept bekam ich aber noch lange nicht, weil ich es erst mal mit Fischöl probieren sollte. Generell bin ich natürlichen Mitteln sehr aufgeschlossen gegenüber, aber ich weiß, dass es bei mir nicht funktioniert. Meine Einwände halfen nicht. Außerdem bemerkte sie, ich müsste zum Kardiologen, weil mein Herzschlag sehr niedrig sei. Ich fragte, wie niedrig. Sie winkte ab und sagte nur "zu niedrig". Beim Kardiologen stellte sich heraus, dass ich einen Puls von 51 habe, bei sportlich aktiven Menschen nicht ungewöhnlich. Nachdem mir noch ein Belastungs-EKG verkauft wurde, entließ man mich. Das Belastungs-EKG wird übrigens nicht auf einem Fahrrad durchgeführt, sondern auf einem Laufband. Man erklärte mir, dass amerikanische Patienten nicht so sattelfest sind und das Laufband bevorzugen.

Ich habe mir in der Apotheke dann Fischöl besorgt. Alarmiert durch die Warnungen des Gesundheitsamts vor hohen Schwermetall- und PCB[2] Konzentrationen (Fish Consumption Advisories) im Fisch habe ich mich aber erst mal über eine eventuelle Kontamination schlau gemacht. Siehe da, gerade mein Produkt enthielt ordentliche Quecksilbermengen und einen PCB Gehalt, der den zugelassenen Grenzwert um das 10fache überschritt [43]. Ich führte meine Fischölkapseln dem Hausmüll zu, wartete 3 Monate, ging wieder zum Arzt und holte mein Rezept ab.

Fischöl wird von den Behörden nicht kontrolliert. Die Food and Drug Administration (FDA) ist nur zuständig für Nahrungsmittel, für Arzneimittel und Nahrungsergänzungsmittel, mit denen pro Jahr ein Umsatz von mehr als 33 Mrd. Dollar gemacht wird. In einem aktuellen Fall geht es um nicht deklarierte Amphetamine in Nahrungsergänzungsmitteln [44], die in der Vergangenheit zu Todesfällen geführt haben. Kanadische Behörden hatten vor einem Jahr die Produkte vom kanadischen Markt genommen, aber nicht die FDA

---

2   Polychlorierte Biphenyle (PCB) sind giftige und krebsauslösende organische Chlorverbindungen.

vom amerikanischen. Das ist nicht überraschend wenn man weiß, das ehemalige Lobbyisten der Branche (Natural Products Association) als Top-Beamte bei der FDA arbeiten, einer von ihnen als Geschäftsbereichsleiter für Nahrungsergänzungsmittel.

Ein in Arbeit befindlicher Gesetzentwurf zur Kontrolle von Nahrungsergänzungsmitteln wurde vom Senator des Bundesstaates Utah betreut. In Utah haben alle großen Hersteller von Nahrungsergänzungsmitteln ihren Firmensitz. Der Senator erhielt 2013 Spenden in Höhe von 1,5 Mio Dollar von Natural Products Association für die FDA. Das Gesetz wurde nie verabschiedet.

22 Verbraucherschutz

Beim amerikanischen und europäischen Verbraucherschutz prallen zwei diametrale Welten aufeinander, die grundsätzlich nicht miteinander vereinbar sind. Der europäische Verbraucherschutz ist präventiv tätig, das heißt, bevor ein Produkt auf den Markt kommt, wird geprüft, ob das Risiko einer Gesundheitsgefährdung durch den Konsum oder dessen Anwendung besteht. Ein Anfangsverdacht ist ausreichend. In den USA darf zunächst jedes Produkt auf den Markt kommen, wenn es sich nicht um Arzneimittel oder Lebensmittel handelt. Die Gefährdung durch ein Produkt durch die tägliche Anwendung muss wissenschaftlich eindeutig nachweisbar sein, ein Anfangsverdacht reicht nicht aus. Das kann Jahre oder Jahrzehnte nach der Markteinführung sein, wenn eine wissenschaftliche Beweisführung überhaupt möglich ist. Wenn der Nachweis dann erbracht ist, dann winken Schadensersatzansprüche in Millionenhöhe.

So werden hier Haarfärbeprodukte verkauft, die aufgrund einer Studie des Breast Cancer Funds zu Blasenkrebs führen können. Die Verwendung der Färbeprodukte einmal im Monat für 15 Jahre führt zu einer Verdreifachung des Risikos an Krebs zu erkranken [45]. Die Lobby streitet die Wissenschaftlichkeit der Studie allerdings ab.

Die Prüfung in Europa erfolgt durch eine von Regierung und Industrie unabhängige Kommission von Wissenschaftlern (Scientific Committee on Consumer Products), die der europäischen Verbraucherschutzbehörde eine Empfehlung ausspricht. Diese ist öffentlich [46]. Anhand des Risikos wird bestimmt, ob ein Produkt oder dessen Inhaltsstoff zugelassen wird. Für Kosmetika gibt es in der EU zum Beispiel eine 1976 eingeführte und 2005 überarbeitete Negativliste[3], die zur Zeit etwa 1300 Einzelsubstanzen umfasst, die als gesundheitsgefährdend eingestuft sind und in Kosmetika nicht enthalten sein dürfen. Die Negativliste der amerikanischen Gesundheitsbehörde FDA umfaßt 11 Substanzen [47].

Jedes Unternehmen und damit auch die amerikanischen sind gesetzlich dazu verpflichtet, der europäischen Verbraucherbehörde offen zu legen, welche Substanzen in ihren Produkten enthalten sind. Ein Konzern für Konsumgüter war 2005 wie andere Kosmetikfirmen gezwungen, Safety Portfolios über Shampoos, Lippenstifte, Haarfärbemittel,

---

3   Seventh Amendment to the EU's Cosmetics Directive, ursprünglich 1976 eingeführt

Rasiercremes, Hautcremes, Nagellacke, Parfüms und Deodorants zu erstellen und den europäischen Behörden verfügbar zu machen. In der Folge wurden in Europa als gesundheitsgefährdend eingestufte Substanzen durch andere, unschädliche Inhaltsstoffe ersetzt. Das als karzinogen eingestufte DBP[4] in Nagellacken des Konzerns wurde 2006 in Europa entfernt, aber nicht in den USA.

In den USA erfolgt die Einstufung, ob ein Produkt gesundheitsgefährdend ist, durch die Kosmetikindustrie selbst beziehungsweise durch deren Interessenvertreter[5]. Deren Selbsteinschätzung wird dann an die FDA weitergeleitet [48]. Der Safe Cosmetic Act wurde 1938 eingeführt und ist 1954 überarbeitet worden. Seitdem kämpft die Lobby erfolgreich gegen eine Überarbeitung und unabhängige Beurteilung der Gesundheitsgefährdung von Kosmetikprodukten. Kurz nach der europäischen Einführung der Negativliste hat die Kosmetikindustrie mit Hunderttausenden von Dollar die Einführung eines Gesetzes in den USA verhindert, dass sie verpflichtet sollte, die Substanzen in ihren Produkten offen zu legen, mit der Begründung, dass dies einen unverhältnismäßig großen Aufwand bedeuten würde. Ihre Produkte seien sehr si-

---

4   Dibutylphtalat

5   Cosmetic, Toiletry and Fragrance Association (CTFA)

cher. Sie geben also in den USA Geld gegen die Einführung eines Gesetzes aus, dem sie in Europa bereits zugestimmt haben. Der Grund ist einfach: Schadensersatzklagen in Milliardenhöhe. Ein Artikel in der New York Times vom Mai 2015 [49] beschreibt die gesundheitlichen Schäden, die Angestellte in ManiküRestudios davontragen, die täglich den toxischen, kosmetischen Substanzen ausgesetzt sind. Die Mehrheit der Frauen hatte eine oder mehrere Fehlgeburten, unterentwickelte Kinder oder ernsthafte Lungenerkrankungen.

Was Europa in Sachen Verbraucherschutz zu sagen hat, wird weltweit immer wichtiger. Seit 2007 sind etliche Staaten der europäischen Entscheidung gefolgt. China hat die europäische Liste komplett übernommen ebenso wie Kanada. Gefolgt sind weiterhin Argentinien, Korea und Brasilien. Die japanische Liste ist noch etwas restriktiver als die europäische. Da es sich nicht mehr weiter lohnt nach unterschiedlichen Standards zu produzieren, werden jetzt nach und nach auch in den USA europäische Standards eingeführt, zum Wohle der amerikanischen Verbraucher. Die Einführung erfolgt klammheimlich, erneut aus Angst vor Schadensersatzklagen. Der Konzern hat DBP aus den amerikanischen Produkten entfernt. Zur Begründung hieß es, der amerikanische Verbraucher habe die europäische Nagellackvariante bevorzugt. Die europäische Verbraucherbehörde hat damit die amerikanische FDA verdrängt. Folgt man der Argumentation bei den TTIP Verhandlungen, dann soll ein Produkt, das in dem einen Land als sicher eingestuft ist, in dem anderen Land ebenfalls als sicher angesehen werden.

Ein Hersteller von Tabakprodukten hat Uruguay im August 2014 zu Schadensersatz in Höhe von 25 Millionen Dollar verklagt [50]. Seit 2006 darf eine Tabakschachtel keine verkaufsfördernden Ausschmückungen wie "Light, Filter oder Gold" aufweisen, die Eigenwerbung der Hersteller ist stark begrenzt und rund vier Fünftel einer Zigarettenschachtel sind mit Bildern bedeckt, die abschreckende Wirkung haben sollen. Der Konzern sieht seine Profite durch die Gesundheitspolitik des Landes geschädigt und seine Urheberrechte bei der Gestaltung der Schachteln verletzt. Möglich macht dies das Investitionsschutz-Abkommen, das es Konzernen ermöglicht gegen Staaten zu klagen, sobald sie den Wert ihrer Investitionen durch staatliche Interventionen geschädigt sehen. Nun soll das der Weltbank zugeordnete internationale Schiedsgericht ISID (International Settlement of Investment Disputes) eine Entscheidung treffen, unter Ausschluss der Öffentlichkeit.

Hier wird eine parallele Gerichtsbarkeit geschaffen, die im Widerspruch zu den staatlichen Organen steht. Die Staaten verlieren damit ihre Souveränität. Zukünftig sollen Regierungen zunächst die Industrie fragen, ob sie mit einer Gesetzesänderung zum Verbraucherschutz einverstanden sind. Allerdings ist die Diskussion um Chlorhühnchen und gelbe Blinker albern. Hier geht es um viel mehr. Hühnerprodukte sind in den europäischen Staaten nicht sicherer. Die Fahrzeuge in den USA haben entweder rote oder gelbe Blinker. Beide Varianten sind von amerikanischen und japanischen Herstellern vorhanden. Nur die deutschen Fahrzeuge haben hier durchweg rote Blinker. Deutsche Hersteller könnten Fahrzeuge schon seit Jahren mit gelben Blinkern verkaufen, wenn sie wollten. Dazu braucht man TTIP nicht.

Derzeit wird in den USA das TTP (Trans Pacific Partnership) diskutiert. Das TTP ist das Pendant zu TTIP. Australischen Medien [51] zufolge fürchten die Australier ebenfalls die Schiedsgerichte und rechnen mit Klagen der amerikanischen Pharmabranche, wenn Australien Patente nicht verlängert. Außerdem könnte die amerikanische Pharmabranche das Land Australien verklagen, falls Patente in den USA, aber nicht in Australien, anerkannt werden. Senatorin Elizabeth Warren hat in einem Radiointerview Kritik an der Geheimhaltung um das TTP geäußert. Sie bekam Zugang zu den gesicherten Verhandlungsräumen. Sie berichtet über 28 Arbeitsgruppen mit insgesamt 500 Personen, die an dem Übereinkommen arbeiten. 85% von ihnen sind leitende Angestellte amerikanischer Firmen oder Lobbyisten [52]. Sie spricht von einem verdrehten Prozess, in dem Firmen sich selber ihre Handelsvereinbarungen schreiben.

Europäische Webseitenbetreiber sind zu einem Impressum verpflichtet. Der Herausgeber wird namentlich genannt und mögliche Interessen sind transparent. Für amerikanische Internetseiten gibt es keine Verpflichtung zur Offenlegung des Herausgebers.

23 Nahrungsmittel

Bei uns in der Nähe eröffnete vor kurzem ein neuer Supermarkt der HEB Kette. Die ersten Wochen ist die Auswahl noch viel größer als sonst, weil man herausfinden muß, welche Produkte sich verkaufen lassen. An der Brottheke kam ich aus dem Staunen nicht heraus, als dort „richtiges" Brot im Regal lag. Ich kaufte dort zweimal die Woche einen Laib Brot – bis nach vier Wochen „mein" Brot aus dem Regal verschwand. Ich fragte die Verkäuferin, was mit meinem Brot passiert sei. Sie antwortete, daß sie den Verkauf eingestellt hätten, weil sie pro Woche nur zwei Stück verkauften. Schade, ich war der einzige Abnehmer.

Der Besuch eines Supermarktes ist ein Erlebnis. Sie sind überdimensional, haben eine unglaubliche Auswahl an frischem Obst und Gemüse und riesige Regale die eine enorme Vielfalt vermitteln. Sie sind schön eingerichtet, sehen nie schäbig aus und das Einkaufen macht Spaß. Wegen der großen ethnischen Bandbreite in der Bevölkerung ist die Auswahl an internationalen Produkten imposant. Selbstverständlich gehören mexikanische und asiatische Produkte dazu, genauso wie europäische Lebensmittel. Rotkohl und Kartoffelknödel befinden sich im britischen Regal, aber das ist egal. Waren die Kartoffelknödel ausverkauft, wusste ich, das unsere Freundin schon vor mir Einkaufen war.

Die Verpackungen für Waschmittel, Milchprodukte, Cereals und Getränke sind viermal so groß wie in Deutschland. Heerscharen von Angestellten sind dabei, Regale zu befüllen und den Kunden beim Suchen bestimmter Artikel zu helfen. Dienstleistung ist Trumpf und billig. Der Einkauf wird an der Kasse eingepackt. In unserer Gegend ist man gerade dabei, den Kunden zwischen Plastik- oder Papiertüte wählen zu lassen. Meines Wissens haben die Neu-England Staaten schon vor 20 Jahren Papiertüten eingeführt. In Texas gehen die Uhren langsamer. An der Kasse zahlt man bar, mit Karte, Scheck oder Lebensmittelmarken. Man kann sich auch Geld auszahlen lassen (Cash Back). Das spart Bankgebühren und den Weg zum Geldautomaten. Die Auswahl an Bioprodukten, die hier „organic food" heißen, ist größer als in deutschen Supermärkten. Lebensmittel sind in der Regel 30% teurer als in Deutschland, aber dafür sind Obst und Gemüse frischer. Es empfiehlt sich, eine Kundenkarte anzuschaffen, mit der man auf ausgewählte Produkte einen Nachlass bekommt. Diese Rabatte sind höher, als die normalen Sonderangebote. Bei größeren Einkäufen spart man mit Kundenkarte häufig 10%. Oft ist eine Apotheke Bestandteil des Marktes, genauso wie ein „Bankschalter", an dem man Schecks einlösen kann.

Gewichtsreduktion ist tagtäglich Thema in der Werbung, weil vor allem unser Bundesstaat ein nicht zu übersehendes Gewichtsproblem hat. Das gute Gewissen bei der Nahrungsmittelauswahl erkauft man sich durch den Verzehr von fettarmen und fettfreien Produkten. Im Supermarkt stehen im Regal für Molkereiprodukte, gefühlt, 50 verschiedene Joghurtsorten, alle fettfrei oder fettreduziert. Es gibt nur eine Marke mit normalem Fettgehalt und mit Geschmack. Bei der Milch sieht es genauso aus. Weißes Wasser ist der absolute Renner genauso wie Bio-Milch. Dazwischen gibt es fast nichts mehr. Fettarme Produkte sind ein enorm großer Markt und nützen vor allem dem Hersteller, weil sie teurer sind, als ihre fetthaltigen Produkte. Wenn man sich die Bevölkerung anschaut, hat deren Verzehr auf das Körpergewicht keinen Einfluß. Trotz der riesigen Auswahl von Obst und Gemüse scheint deren Zubereitung und Verzehr nicht besonders populär zu sein. Sonst wäre ich an der Kasse nicht öfters gefragt worden, welches Gemüse ich gerade aufs Band lege.

Zucker wird in Deutschland subventioniert, Mais nicht. Deshalb werden Produkte in Deutschland mit Zucker gesüßt in den USA mit Maissirup. Mais wird in den USA subventioniert während Zucker beispielsweise aus Kanada mit Importzöllen belegt ist. Der Preis für Zucker in den USA ist doppelt so hoch wie der Weltmarktpreis [53]. Deshalb findet man Mais und seine Derivate in allen Lebensmitteln und verarbeiteten Produkten wo sonst Zucker enthalten ist, sogar in Batterien.

Abgesehen vom vorgeschriebenen Etikett ist es aufschlussreich wenn angegeben ist, was nicht enthalten ist. Bio-Erzeuger werben zum Beispiel damit, daß kein HFCS[6] oder GMO[7], also synthetischer Süßstoff aus Mais oder genetisch manipulierte Lebensmittel, enthalten sind. Fleischprodukte enthalten Wachstumshormone und Antibiotika [54], es sei denn, dass es explizit ausgeschlossen ist. Eine Kennzeichnungspflicht gibt es nicht. Wenn man Hormone, Antibiotika oder GMO Produkte vermeiden will, sollte man in die größte Bio-Supermarktkette des Landes gehen: Whole Foods. Whole Foods wurde vor kurzem von einem Online Buchhändler gekauft. Leute, die es sich leisten können mehr Geld für Lebensmittel auszugeben, gehen zu Whole Foods.

---

6   High Fructose Corn Syrup, synthetischer Maissirup

7   Genetically Modified Organism

Softdrinks enthalten also keinen Zucker (Saccharose), sondern Maissirup, der durch enzymatische Umsetzung von Glukose zu Fruktose erzeugt wird. Durch den hohen Fruktoseanteil in den Getränken finden im Körper andere Stoffwechselvorgänge statt als beim Abbau von herkömmlichen, zuckerhaltigen Getränken. Einer Studie [55] zufolge verändert Fruktose den Kohlenhydrat-Fett-Stoffwechsel derart, dass der Genuss stark fruktosehaltiger Lebensmittel zu Fettleibigkeit und Diabetes führt. Außerdem steigt durch die erhöhte Insulinausschüttung das Hungergefühl.

Interessant wird der Verbraucherschutz hinsichtlich genetisch veränderter Pflanzen (GMO). In den USA gibt es fast ausschließlich GMO Produkte. Sojabohnen, Mais, Reis, Raps und Kartoffeln sind zu 90% genetisch verändert. Gegen eine Auszeichnungspflicht hat sich die Industrie erfolgreich verwahrt. Die FDA hat GMO Produkten eine "Gleichwertigkeit" gegenüber Nicht-GMO Produkten eingeräumt.

Bauern, die keinen GMO-Mais anpflanzen wollen, sehen sich der Querkontamination ausgesetzt, sobald Nachbarfelder mit GMO-Mais angebaut werden. Da es keine Mindestabstandsflächen gibt, wächst auf den Nicht-GMO Feldern irgendwann GMO-Mais. In den USA wurden Bauern erfolg-

reich vom Hersteller des GMO-Maises auf Lizenz-
bruch verklagt, weil auf ihren Feldern unerlaubt
GMO-Mais wächst [48]. Bei dem gleichen Sachver-
halt hat ein Gericht in Frankreich den Hersteller zu
Schadensersatz verurteilt, weil GMO-Mais die Bio-
Felder der Bauern verunreinigt und wertlos gemacht hatte. Kurzzeitstudien die belegen, daß
GMO-Mais sicher ist, gibt es viele. Für den Zulas-
sungsprozess von GMO Produkten sind Studien
über eine Zeitraum von 3 Monaten erforderlich.
Die erste Langzeitstudie wurde von dem französi-
schen Molekularbiologen Séralini von der Universität Caen durchgeführt. Über 2 Jahre wurde die
Entwicklung von Ratten beobachtet, denen man
genmanipulierten, pestizidtoleranten Mais fütterte.
Die Veröffentlichung in einem renommierten wissenschaftlichen Journal setzt voraus, daß die Studie durch ein unabhängiges Gremium (Peer Review) begutachtet wird. Nach erfolgtem Peer Review wurde die Studie 2012 im Journal "Food and
Chemical Toxicology" des Elsévier Verlags veröffentlicht [56]. Die Ergebnisse enthüllten Gesund-
heitsschäden einschließlich Tumorbildung und
verkürzter Lebenszeit der Ratten. Die Studie wurde vom Verlag Elsévier zurückgezogen mit der Begründung, dass sie nicht beweiskräftig sei. Nicht
beweiskräftig ist kein Grund und deshalb warf die
Wissenschaft dem Verlag vor, ethische und wis-

senschaftliche Grundsätze zu verletzen [57]. Im Nachgang wurde zu einem Boykott des Verlags aufgerufen [58]. Brisant war die Tatsache, dass Elsévier kurz zuvor eine neue Redakteursstelle geschaffen hatte, die mit einem ehemaligen Mitarbeiter eines Herstellers von GMO Mais besetzt wurde. Dieser hatte dort sieben Jahre lang als Wissenschaftler gearbeitet. Außerdem ist er beim durch die GMO Industrie finanzierten International Life Science Institute beschäftigt [59]. Die Studie wurde daraufhin im Environmental Sciences Europe veröffentlicht [60]. Mittlerweile mehren sich die Stimmen, daß die wissenschaftlichen Rahmenbedingungen der Studie verbessert werden müssten. Zum Beispiel wird bemängelt, daß die Versuchsgruppen zu klein waren und die Rattenart falsch gewählt wurde. Es bleibt also spannend.

Eine eindeutige Beweisführung der gesundheitlichen Gefährdung gelang bei den Transfettsäuren. Transfettsäuren oder kurz Transfette, müssen in den USA ausgezeichnet werden. Sie entstehen durch industrielle Hydrierung oder "Härtung" von pflanzlichen Fetten. Dadurch erhöht sich der Schmelzpunkt, die Haltbarkeit und sie sind besser transportierbar. Sie sind beispielsweise in Margarine, Backwaren (z.B. Blätterteig), Kartoffelchips und Fast Food enthalten. Der Nachteil ist, dass sie das

LDL Cholesterin im Blut erhöhen. Dadurch steigt das Risiko, an koronarer Herzkrankheit zu erkranken [61]. Dänemark hat 2003 als erstes Land Grenzwerte für Transfette eingeführt. Einer Studie zufolge soll die Todesrate durch Herz-Kreislauf-Erkrankungen in Dänemark seit der Einführung der Grenzwerte um 50% abgenommen haben [62]. Daraufhin haben viele andere Länder Grenzwerte für Transfette eingeführt. In Kalifornien, New York und Philadelphia sind sie in Restaurants verboten. In Deutschland müssen Transfette als "gehärtet" ausgewiesen werden, einen Grenzwert gibt es nicht. Seit einzelne Bundesstaaten Transfette in Restaurants verboten haben, enthalten auch Produkte aus dem Supermarkt nur noch selten Transfette.

Unser Leitungswasser hatte zunächst einen etwas modrigen Geruch und bitteren Geschmack. Unser Wasserversorger der Gemeinde zog eine Probe und hat den Chlorgehalt ermittelt. Das sagt gar nichts. Unser Vermieter hat daraufhin die Warmwasseraufbereitung erneuern lassen. Danach hatte das Wasser einen Geruch von organischen Lösemitteln. Unsere Nachbarn schauten uns verständnislos an und teilten uns mit, dass sie nie Leitungswasser trinken. Es gibt jedenfalls regelmäßig Überschreitungen bei Trübung und Chlorzerfallsprodukten die entstehen, wenn Wasser chloriert wird und mit organischen Wasserinhaltsstoffen reagiert. Außerdem sind öfters Arsen und radioaktive Substanzen in Spuren im Wasser enthalten. Wir kaufen jetzt unser Trinkwasser im Supermarkt. Für Trinkwasser aus der Flasche gibt es – außer in Kalifornien - keine Auszeichnungspflicht über Wasserinhaltsstoffe [63]. Die Herkunft des Wassers wird nicht ausgewiesen. Die Qualität des Wassers wird nicht reguliert. Bekannte von uns entscheiden anhand der Farbe, ob sie an diesem Tag Wasser aus dem Hahn trinken oder nicht.

24 Seabrook Stingrays

Wir haben Vincent und Raffael zum Schwimmen bei den Seabrook Stingrays angemeldet. Bedingt durch seine Teilnahme am Science Magnet Programm in der Schule hat Vincent nur ein halbes Jahr Sport und den Rest den Schuljahres andere Schulfächer. Deshalb dachten wir, dass es eine gute Sache ist, wenn er regelmäßig Sport treibt. Da wir nicht weit von uns zu Hause einen Public Pool haben bot sich die Anmeldung beim unserem örtlichen Schwimmteam, den Seabrook Stingrays, geradezu an. Das Training sollte im Mai, also noch vor den Schulferien, beginnen. Vor dem ersten Training gab es einen Probe- und Vorführrschwimmtag, um die Schwimmer in die einzelnen Qualifikationsstufen einzuteilen. Ich fragte die Trainerin dann nach den Trainingszeiten. Sie antworte: "5-7pm during school and 8-9am during summer break." Prima dachte ich und fragte nach dem Wochentag. Sie staunte mich an: "Well, every day!" Nun, damit war das auch klar. Es gab 4 Wochen Training und dann fanden die ersten Wettkämpfe gegen die Nachbarorte statt. Auf der Website des Schwimmvereins muss die Teilnahme der Schwimmer für die jeweiligen Wettkampftage bestätigt werden. Ich war erstaunt, weil Vincent an einem Tag um die 7 Rennen absolvieren sollte. Ich war jedenfalls überrascht. Noch überraschter war ich, als ich eine Email vom Schwimmverein mit einer Liste mit Freiwilligen für den ersten Wettkampftag erhielt. Ich war auch auf der Liste – zusammen mit 50 anderen Personen. Ich war der Aufgabe "Ribbons" zugeordnet. Ich wusste weder, was ein Ribbon ist noch was es mit Schwimmen zu tun hatte. Aber das sollte ich schnell lernen bzw. Christine. Ich war am Wettkampftag, dem Swim Meet, erfreulicherweise krankheitsbedingt verhindert und ging erst nachmittags zum Schwimmbad, um mir das Spektakel aus der Nähe anzuschauen.

Morgens um 6:50 ging es los: Aufbau der Bänke, Wimpel, Flaggen, Lautsprecheranlage, Absperrhütchen, Absperrbänder, Verteilung der Stoppuhren und des Concession Stands. Das ist der Verkaufsstand für Badehosen, T-Shirts und Badekappen nebst Schildern, die man sich in den Vorgarten pflockt. Auf ihnen steht: "My child is a Stingray." Es folgt die Zuordnung zu den einzelnen Stationen und Bekanntmachung der Rennreihenfolge. Die Schwimmer schreiben sich ihre Rennen mit Kugelschreiber auf den Unterarm. In der Zwischenzeit bauen die Eltern Zelte, Campingstühle und Luftmatratzen auf. Überdimensionale

Kühlboxen auf Rädern mit Getränken und Proviant werden in Position gebracht.

Die Schwimmer sitzen in der Reihenfolge der Rennen auf einzelnen Bänken, die mit der Bahnnummer beschriftet sind. Die Teilnehmer reichen von der Grundschule bis zur High School. Je älter desto cooler. Die Kleinen werden an der Hand zu ihren Startblöcken gebracht, die High School Schüler lassen sich vom Trainer persönlich einladen. 3 Zeitnehmer pro Bahn, 5 Richter, eine Person, die Disqualifikationszettel von den Richtern einsammelt und zum Richtertisch bringt. 2 Personen, die die Ergebnisse in ihren Laptop eingeben und 2 Personen, die Urkunden ausdrucken und die "Ribbons" auf die Urkunden kleben. Auf den Ribbons steht die Platzierung.

Auf diese Weise werden um die 50 Rennen in 6 Stunden absolviert. Der ganze Tag war nicht nur ein Wettkampftag, sondern ein tolles Event und wir freuten uns auf den nächsten Wettkampf: Seabrook Stingrays gegen Dickinson Gators.

Schade nur, das die Saison in diesem Verein nach 3 Monaten schon vorbei ist. Die Seabrook Stingrays sind eine non-profit Organisation, also tatsächlich wie ein deutscher Verein. Wenn man das ganze Jahr über schwimmen möchte, dann muss man in den Nachbarort League City fahren, um dort bei den League City South Shore Sails zu schwimmen. Die Sails sind kein Verein, sondern ein for-profit Club, also eine Firma. Ambitionierte Schwimmer (oder Eltern) gehen zu den Sails, weil sie dort eine bessere Förderung haben. Und der Hintergedanke an ein Sportstipendium schwingt immer mit, um sich die 100.000 Dollar für ein Studium sparen zu können. Zum Spaß macht hier keiner etwas.

Die Wettkämpfe sind straff durchorganisiert und ein richtiges, unterhaltsames Event, das richtig Spaß macht. In unserem Freibad gibt es übrigens keine Duschen und keine Umkleidekabinen. Die Schwimmer wickeln sich nach dem Training das Handtuch um und setzen sich ins Auto um nach Hause zu fahren. Bei keinem der Wettkämpfe in den Nachbarorten gab es Umkleiden. Vielleicht ist es in den anderen Bundesstaaten, in denen es nicht das ganze Jahr über warm ist, anders.

25 Wir recyceln nicht mehr

Vincent führte in der Grundschule ein Science Projekt durch. Das ist ein Projekt, das über einen Zeitraum von 3 Monaten läuft und so, wie im Kapitel 11 beschrieben, abläuft. Die Eltern sind damit beschäftigt, zahlreiche Fahrten zum Baumarkt oder Hardwarestore zur Beschaffung der erforderlichen Materialien und Messgeräte zu unternehmen, die man für den Versuchsaufbau benötigt. Abhängig davon wie aufwändig man sein Projekt gestaltet sind auch sonst eine Reihe von Hilfestellungen erforderlich. Seit Vincent im Science Magnet Program der Intermediate School ist, ist die Durchführung von Science Projekten Pflicht.

Überwältigt von der Menge an konventionellen Glühlampen in unserem Haus hat er sich überlegt, Lichtleistung und Energieverbrauch von konventionellen Lampen, Energiesparlampen und LEDs zu messen. Also sind wir in den Baumarkt gefahren, um uns mit Lampen, einem Lichtmesser, einem Voltmeter und sonstigem Verbrauchsmaterial einzudecken. Auf den Verpackungen der Energiesparlampen steht, dass sie Quecksilber enthalten. In Deutschland steht zusätzlich darauf, daß sie als

Sondermüll zu entsorgen sind. Wir hatten vor, die Lampen nach dem Projekt im Haus zu verwenden bis sie kaputt sind. Und dann müssen sie irgendwie entsorgt werden. Herauszufinden wie die Entsorgung funktioniert war eine größere Aufgabe, obwohl in den Medien grüne Slogans wie „Go-Green", „Save the Environment" und „Consider Recycling" wie selbstverständlich benutzt werden.

Houston gibt eine Broschüre über Recycling heraus mit Informationen darüber, was man wiederverwenden kann. Man soll Kontakt zu seiner Gemeinde aufnehmen, um herauszufinden, welche Produkte gesammelt werden. Außerdem steht darin, daß Recycling "market driven" ist. Das heißt, Recycling findet statt, wenn man Geld damit verdienen kann.

Auf der Website earth911.com, die grüne Website schlechthin, kann man nachsehen, wie man mit Wert- und gesundheitsschädlichen Stoffen umgehen muß. Für die Entsorgung findet man ein Adressverzeichnis des Einzelhandels in seiner Nähe, der Wertstoffe zurücknimmt. Da Home Depot als Baumarkt gelistet ist, bin ich hingefahren um zu fragen, ob ich bei ihnen defekte oder beschädigte Energiesparlampen zurückgeben kann. Nun, die Kassiererin war ebenso mit dieser Frage überfordert, wie die Dame an der Information. Anscheinend wird die Frage nicht häufig gestellt. Die Filialleiterin erklärte mir dann: "We don't recycle anymore".

Also rief ich bei der Gemeinde an und stellte nicht nur die Frage nach der Entsorgung von Energiesparlampen, sondern auch wie ich Batterien entsorgen muß. Die Dame am anderen Ende der Leitung war sehr nett und sagte, dass sie die Frage nicht ganz verstehe, wir hätten doch Hausmüll. Als ich erwiderte, dass in den Lampen toxisches Quecksilber enthalten ist und ich ein wenig gehemmt sei, sie einfach in den Hausmüll zu werfen, holte sie ihre Kollegin ans Telefon. Diese erzählte mir, dass es keine Möglichkeit gibt, Energiesparlampen in unserer Gemeinde zu entsorgen, aber in Dallas gebe es eine zentrale Annahmestelle. Nun, Dallas ist vier Autostunden entfernt und ich fragte mich, wieviel Menschen aus der Houstoner Gegend nach Dallas für die Entsorgung von Energiesparlampen fahren.

Zu der Batteriefrage sagte sie, dass es gleich in meiner Nähe einmal eine Firma gegeben hätte, die Batterien entsorgte, aber leider sei sie bankrott gegangen. Also, alles in den Hausmüll.

Da fiel mir noch eine weitere Frage ein. Ich teilte ihr mit, dass wir in der Garage noch einen alten Gefrierschrank hätten, den ich gerne loswerden wolle. In diesem Fall konnte sie mir erfreut weiterhelfen. Sobald das Kühlmittel entsorgt ist, kommt ein roter Aufkleber auf den Gefrierschrank und kann über den normalen Hausmüll entsorgt werden. Den roten Aufkleber erhält man von einer auf die fachmännische Entsorgung von Kältemitteln spezialisierte Firma. Einen Ansprechpartner konnte sie mir aber nicht nennen. Egal, ich war schon erfreut, dass ich das Kältemittel entsorgen lassen kann. Ich rief unsere Firma für Küchengeräte an, die mir eine Entsorgungsfirma in unserer Nähe nannte. Dort rief ich an und sie bestätigten, dass sie Kältemittel entsorgen. Ich wollte einen Termin machen und gab ihnen meine Adresse. Daraufhin teilten sie mir mit, dass sie keine Hausbesuche machen, ich müsste den Gefrierschrank schon zu ihnen bringen. Das hatte sich dann auch erledigt, weil das Gerät nicht in meinen Kofferraum passt. Als unser Herd wenig später defekt war, fragte ich den kubanischen Handwerker bei dieser Gelegenheit, ob er nicht meinen Gefrierschrank für 20 Dollar entsorgen könnte. Er war ganz begeistert, steckte das Geld ein und holte seinen mexikanischen Kollegen, um das Monstrum in seinem Truck verschwinden zu lassen. Ich stellte keine weiteren Fragen und war froh, dass der Gefrierschrank weg war.

Trotzdem wird Umweltschutz in unserer Gemeinde groß geschrieben. Einmal pro Woche wird bei uns eine kleine Box, ein Achtel mal kleiner als unsere Mülltonne, mit Altpapier und Plastik gefüllt und der Wiederverwendung zugeführt.

Die Recyclingraten sind übrigens nur in Texas so niedrig. Andere, eher liberale Bundesstaaten wie jene an der West- und an der Ostküste, sind erheblich fortschrittlicher. Hier in Texas gibt es noch nicht einmal Flaschenpfand.

Die Quecksilberproblematik hat mich nicht zur Ruhe kommen lassen und ich fing an zu recherchieren. Erster Anlaufpunkt ist immer die bei der Industrie verhaßte EPA (Environmental Protection Agency), die nationale Umweltbehörde der USA, die die Republikaner am liebsten abschaffen würden. Sie ist eigentlich zuständig für mobile Emissionsquellen wie Kraftfahrzeuge aber nicht für stationäre Verunreiniger wie Kraftwerke und Industrieanlagen. Dies versucht Präsident Obama jedoch gerade durch die Hintertür zu verändern, sehr zum Leidwesen der Republikaner.

Die EPA hat auf ihrer Website eine Präsentation [64] über die Quecksilberemissionen aus Kraftwerken. 99% des Quecksilber wird von Kohlekraftwerken emittiert. Aus der EPA Unterlage geht hervor, dass für jeden Bundesstaat mehr oder weniger ausgedehnte Fischverzehrempfehlungen (Fish Consumption Advisory) vorliegen. Diese gelten für etliche Seen (Great Lakes etc.) als auch für die Atlantikküste bis zum Golf von Mexiko, Alaska und Hawaii. Die Verzehrempfehlungen betreffen Quecksilber (>3000 advisories), PCB (>1000 advisories), Dioxin (128 advisories) und DDT (58 advisories) [65]. Die EPA hat 2011 endgültige Grenzwerte für Quecksilberemissionen herausgegeben. In diesem Bereich sind die USA führend. Für Deutschland bzw. Europa sieht sich die EU-Kommission nicht in der Lage, Grenzwerte zu nennen.

Das texanische Gesundheitsministerium empfiehlt für unsere Gegend [66]und für ausgewählte Fischarten erwachsenen Männern höchstens 2 mal pro Monat Fisch zu verzehren. Für Frauen im gebärfähigen Alter gilt ein Verzehrverbot [67].

Seit die USA 2001 aus dem Kyoto Protokoll ausgestiegen waren, hörte man überhaupt nichts mehr über Klimaschutz. Im Sommer 2014 kam die Wende. Täglich gab es Berichte über den Klimawandel. Das kam ganz plötzlich. Seitdem sprach man sehr viel über Greenhouse Gases. Die Welt, so hieß es, „muß endlich zu ihrer Verantwortung stehen und an der Verminderung der Treibhausgase mitwirken und mit den USA an einem Strang ziehen." Klarer Fall von Wahrnehmungsstörung. Es liest sich, als blockierte die restliche Welt die tugendhaft grünen Ziele der USA. Wahrscheinlich haben sie gemerkt, dass Florida nur wenige Meter über dem Meeresspiegel liegt. Die USA waren mal wieder führend, bis 2017, als sie aus dem Pariser Abkommen ausgestiegen sind. Seit dem ist der Klimawandel eine chinesische Erfindung. Man muss dem Großteil der Bevölkerung zu Gute halten, dass sich nur eine kleine, konservative Minderheit mental im Mittelalter befindet.

Gemäß Climate Change Performance Index [68] haben es die USA in den letzten drei Jahren von Rang 52 auf Rang 44 geschafft. Aus Platz 1 kann also noch etwas werden. Deutschland ist von Rang 6 auf Rang 22 abgerutscht.

Das Thema Umweltschutz ist seit der Gewinnung von Öl aus Schiefergestein (Fracking) aktueller denn je. Es ist unklar, wohin das mit Chemikalien versetzte Abwasser, das mit hohem Druck zurück in den Boden gedrückt wird, gelangt. Der Bundesstaat New York hat Fracking verboten, weil es zu unkalkulierbaren Risiken für die öffentliche Gesundheit führt [69]. Die Bürger im Bundesstaat Oklahoma sind über Fracking nicht mehr ganz so begeistert wie vor dem Boom. In Oklahoma gab es vor dem Fracking etwa 2 Erdbeben pro Jahr. Im Jahr 2014 waren es durchschnittlich 2,5 Erdbeben pro Tag [70]. Dem Verbot in New York ging eine Studie voraus, ob New York als Bundesstaat überhaupt ein Verbot erlassen kann, weil die Öl- und Gasindustrie von einigen Gesetzesvorschriften die den Umweltschutz betreffen, ausgeschlossen ist. Die Ausschlüsse beim Fracking, die die Öl- und Gasindustrie derzeit genießt sind [71], [72]:

- Comprehensive Environmental Response, Compensation, and Liability Act
- Resource Conservation and Recovery Act
- Safe Drinking Water Act
- Clean Water Act
- Clean Air Act
- National Environmental Policy Act
- Toxic Release Inventory under the Emergency Planning and Community Right-to-Know Act

Fracking wird seit 1980 betrieben, hat aber erst vor 5 Jahren einen richtigen Boom erfahren. Seitdem hinkt die Rechtssprechung ein wenig hinterher. Die EPA arbeitet an einer gesetzlichen Regelung und hat im April einen Progress Report vorgelegt [73]. Aber auch ohne Fracking gibt es für die Öl- und Gasindustrie eine Reihe von Ausnahmen. Öl- und Gasquellen sind vom Clean Air Act ausgeschlossen ebenso wie Kompressor- oder Pumpstationen. Wenn man auf Reisen an den zahlreichen Ölquellen quer durch Texas vorbeifährt, bekommt man über Hunderte von Kilometern Atemprobleme. Zusätzlich wurde Schwefelwasserstoff (H_2S) von der Liste der gesundheitsschädlichen Stoffe gestrichen [74]. In der EU fällt Schwefelwasserstoff in die Gefahrstoffverordnung.

Die Industrie ist ebenfalls von der Auflage ausgeschlossen, Reststoffe, gesundheitsschädliche Betriebsstoffe und sonstige Abfallstoffe aus der Produktion als Sondermüll zu entsorgen bis die EPA bewiesen hat, das sie eine Gefährdung für die Gesundheit darstellen [74]. Weiterhin muss die Industrie nicht für die Folgen aus der Freisetzung von gesundheitsschädlichen Stoffen haften. Eine Umweltverträglichkeitsprüfung für neue Projekte ist nicht zwingend vorgeschrieben. Die meisten Industrien sind verpflichtet, gesundheitsschädliche Substanzen die in der Produktion eingesetzt, verwendet oder freigesetzt werden zu melden. Emmissionsquellen auf Betriebsgeländen sind an die EPA zu melden, die sie der Öffentlichkeit mitteilt.

Auch wenn es nationale Auflagen gibt, kann der Bundesstaat diese mildern oder außer Kraft setzen, sehr zur Verärgerung von Umweltschutzorganisationen. Diese und die EPA haben bemängelt, dass einige Raffinerien unter Ausnahmebedingungen betrieben werden aber die Behörden noch nicht die in diesem Fall zugelassenen höheren Grenzwerte kontrolliert [72]. Deshalb wurden ExxonMobil, Shell und ChevronPhillips von Umweltschutzorganisationen verklagt. Das Verfahren gegen Shell wurde gegen eine Zahlung von 5,8 Millionen Dollar eingestellt. Die anderen Klagen sind noch anhängig.

26 Wassertürme und Infrastruktur

Es ist erst mal nicht klar, was die Wassertürme, die man in jeder Stadt sehen kann, mit der Stromversorgung zu tun haben. Wenn es im Winter aber plötzlich und unerwartet schneit und der Strom ausfällt, dann werden die Wassertürme benötigt. Bei Stromausfall fallen auch die Pumpen der Wasserversorger aus. Dies führt zu einem Druckabfall in den Wasserleitungen und es kann zum Eindringen von gesundheitsschädlichen Erregern in das Wassernetz kommen. Wassertürme sorgen für ausreichend Druck im Leitungsnetz, auch wenn der Strom ausfällt. Deshalb benötigt man Wassertürme. In Deutschland ist die Verfügbarkeit von Strom – noch – sehr hoch, so dass Wassertürme nur noch dekorativen Charakter haben, wenn es überhaupt noch welche gibt.

Amerikaner sind daran gewöhnt teilweise wochenlang vom Stromnetz abgeklemmt zu sein. Sie sind jedoch die letzten, die vom Staat Maßnahmen erhoffen. Dem Staat gibt man ungern Steuern und erwartet von ihnen keine Hilfe. Stattdessen besorgt man sich im Baumarkt lieber einen Generator und löst das Problem selbst. Abgesehen davon bewerten Amerikaner ihre Stromversorgung ähnlich gut wie die Deutschen. Auf die Frage: "Wie bewerten Sie die Qualität ihrer Stromversorgung?" antworten Amerikaner auf einer Skala von 1 bis 7 mit 6,3 [40]. Deutsche geben der Stromversorgung die Note 6,1. Soviel zur subjektiven, faktfreien Wahrnehmung. Eine von beiden Nationen braucht einen reality check. Unser Eindruck ist, daß die Erwartungen in allen Bereichen des persönlichen Lebens eher niedrig sind. Wenn man den Staubsauger einschaltet, dann flackert das Licht. Ebenso wenn sich die Klimaanlage einschaltet.

Wenn es dann mal wieder schneit und der Strom ausfällt, dann müssen die Stromleitungen wieder auf die Holzmasten gelegt oder andere Reparaturmaßnahmen getroffen werden. Ich habe nie begriffen, warum man soviel Arbeitskraft verschwendet. Gasleitungen legt man ja auch nicht auf Holzmasten. Man sieht regelmäßig Trupps im Stadtbild, die heruntergefallene Stromleitungen auf die Masten zurücklegen, an den Leitungen basteln und Bäume in der Nähe von Stromleitungen zurückschneiden.

Die Wartungsarbeiten am Stromnetz sind ein riesiges Arbeitsbeschaffungsprogramm, das obendrein gut bezahlt wird. Unser Nachbar, der nebenher als Berater für die Stromindustrie arbeitet, klärte mich schließlich auf. Die Reparaturmaßnahmen werden den Verbrauchern in Form von Transmission Fees in Rechnung gestellt. Die Stromerzeuger erhalten von den Banken Kredite für durchzuführende Arbeiten in Höhe von 5% die den Kunden mit einem Zinssatz von 16% in Rechnung gestellt werden. Die Stromausfälle bei schlechtem Wetter sind also durchaus willkommen. In 2012 und 2013 hatten wir nie einen Stromausfall durch schlechtes Wetter. Die Transmission Fee betrug in diesen Jahren etwa 15 Dollar pro Monat. In 2014 gab es durch Gewitter und heftige Regenfälle, die teilweise zur Überflutung der Nachbarschaft geführt haben, zahlreiche Stromausfälle. Die Transmission Fee in diesen Monaten stieg auf 120 Dollar.

Irgendwann im Winter als es draußen für texanische Verhältnisse bitterkalt war, also knapp über dem Gefrierpunkt, erhielt ich eine Email von unserem Stromversorger. Die Überschrift war "Emergency Energy Alert – Save Texas". Es wurde die Patriotenkarte gezogen – es musste also ernst sein. Aus der Email ging hervor, daß, bedingt durch die Kälte und dem damit verbundenen, unerwartet (unerwartet! im Winter!) hohen Stromverbrauch für Stromheizungen, das Stromnetz zusammenzubrechen drohe. Deshalb der Aufruf an die Patrioten der Region, den Stromverbrauch zu reduzieren. Man solle den Betrieb von Waschmaschinen und Trocknern während der Spitzenzeiten vermeiden und die Stromheizung drosseln. Es folgten weitere Empfehlungen zur Stromeinsparung. An diesem Tag waren nicht ausreichend Patrioten zu Hause wie nötig und der Strom wurde für 15 Minuten abgestellt. Danach war das nächste Stadtviertel mit der Trennung vom Stromnetz an der Reihe und immer so weiter. Man nennt das "rotating power outage". Wir hatten Glück, weil wir mit Gas heizen. Aber die Nachbarn hat es getroffen.

Die Infrastruktur ist allgemein in keinem guten Zustand. Die Gasleitungen sind in weiten Teilen des Landes undicht und es sind deswegen schon ein paar Häuser in die Luft gegangen. Die Straßen und Brücken sind ebenfalls in einem desolaten Zustand. Infrastruktur ist ein Sektor, der nur Geld kostet, mit dem man aber kein Geld verdienen kann. Deshalb wird nichts in Dinge investiert, die womöglich einer Gemeinschaft zu Gute kommen, die nichts eingezahlt haben.

27 Bike Rides und Fundraising

Im Fundraising, also im Eintreiben von Spenden, sind Amerikaner Weltmeister und absolute Profis. Es gibt Fundraiser für alle möglichen Organisationen, die in Deutschland vom Staat gefördert werden. Da staatliche Unterstützung in den USA verpönt ist, sind die Menschen gerne bereit, tief in die Tasche zu greifen und privat die Organisationen zu unterstützen, die es ihrer Ansicht nach Wert sind. Eine Bekannte erzählte mir, dass sie, seit sie arbeitet, etwa 30% ihres Einkommens an an den einzigen, öffentlich-rechtlichen Fernsehsender PBS[8] spendet. Sie ist keineswegs wohlhabend und ich würde sie der unteren Mittelschicht zuordnen.

Events wie sie bei uns von Vereinen organisiert werden, wie zum Beispiel Jedermann Rennen oder RTFs[9] gibt es hier auch, werden aber von non-profit Organisationen organisiert, die mit der jeweiligen Sportart nichts zu tun haben. Das größte, in den USA stattfindende Jedermann Rennen, findet in Houston statt. Der MS150 ist eine zweitägige Radfahrveranstaltung, bei der etwa 13.000 Teilneh-

8   Public Broadcasting Service, einziger öffentlicher, amerikanischer Fernsehsender.

9   Radtourenfahrten

mer 150 Meilen von Houston nach Austin fahren. Veranstalter ist die nationale Multiples Sklerose Stiftung mit BP als Hauptsponsor. Das Startgeld beträgt 100 Dollar und man ist verpflichtet, mindestens weitere 400 Dollar zu spenden.

Ich habe an einem preiswerteren Event, dem Bike Around the Bay teilgenommen, das von der Galveston Bay Foundation veranstaltet wird. Dies ist eine Organisation, die sich der Pflege und dem Naturschutz der Galveston Bay verschribn hat. Auch dies ist ein zweitägiges Rennen über 200 Meilen, dass von Shell Oil als Hauptsponsor finanziell unterstützt wird. Die Startgebühr betrug 150 Dollar, es waren aber keine weiteren Spenden erforderlich.

Da es keine Sportvereine gibt die dem Breitensport verpflichtet sind, werden Angebote von nonprofit Organisationen von der Bevölkerung gerne angenommen. Die Teilnahme an Läufen oder Jedermann-Rennen ist rege und die Organisation dieser Events ist sehr professionell. Getreu dem Motto „Jeder kann alles", ist die Bandbreite der Teilnehmer sehr groß. Ungeachtet der körperlichen Konstitution und Fitness nehmen alle Personen teil, die es sich zutrauen. Niemand wird mitleidig belächelt, der ein bißchen zu schwer ist. In Deutschland hätte ich mich wahrscheinlich nicht getraut teilzunehmen, weil meine Beine nicht so aussehen, als würde ich 20.000 km im Jahr auf dem Fahrrad zurücklegen.

Nachdem die Nationalhymne gespielt wurde, fiel gegen 7 Uhr der Startschuss für die 700 Teilnehmer. Die gesamte Strecke war von der Polizei abgesperrt und man wurde hier und da von Streckenposten auf Motorrädern eskortiert, die regelmäßig nach dem werten Wohlbefinden fragten. Versorgungsstationen für Obst und Getränke waren in Abständen von 15 Meilen eingerichtet. Außerdem gab es einen Mechanikerstand für schnelle Fahrradreparaturen und einen Shuttle Service zwischen den einzelnen Versorgungsstationen.

Die Bandbreite der Teilnehmer war, wie zu erwarten, riesig groß. Es nahmen Triathleten teil, die die Tour als leichte Trainingsvorbereitung schätzten, Freizeitsportler, die regelmäßig aber nicht zu verbissen auf dem Fahrrad sitzen und jene, die eher selten Fahrradfahren. Des Weiteren gab es eine Gruppe von Fahrern bei der man hoffte, dass die Schweißnähte ihres Fahrradrahmens die Tour heil überstehen. Letztere haben den Shuttle Service in Anspruch genommen, um sich zur nächsten Versorgungsstation fahren zu lassen. Und auch jene Gruppe hat die erste 100 Meilenetappe des ersten Tages geschafft.

Es hat riesigen Spaß gemacht, weil die Tour durch ein landschaftlich sehr reizvolles und menschenleeres Gebiet führte. Am Ziel gab es für die Teilnehmer zahlreiche Bierzelte, Massagen und Souvenirstände. Abends gab es für alle Fahrer und deren Familien kostenlos Pasta.

28 Geburtstage

Geburtstagsfeiern für die lieben Kleinen sind immer etwas besonderes und werden in den USA groß gefeiert. Es ist meist keine normale Feier, es ist immer ein Event. Man geht zum Bowling, ins Kino oder baut eine Hüpfburg im Garten auf. Raffael war einmal bei einem Freund eingeladen, dessen Vater eine aufblasbare Wasserrutsche in der Garageneinfahrt aufbauen ließ. Sie war so groß wie sein zweistöckiges Haus. Die Eltern lassen sich nicht lumpen und sind mit Geschenken sehr, sehr großzügig. Ein anderes Mal war Raffael zum Paintball eingeladen, dem modernen Räuber und Gendarm Spiel. Bei uns in der Nähe gibt es ein abgesperrtes Paintballareal mit Hügeln, einem kleinen Wald und Röhren zum Hindurchkriechen.

Bevor es los ging, erfolgte eine Sicherheitseinweisung zur Benutzung der Paintballgewehre, zur Sicherung außerhalb, und zur Entsicherung im Gelände. Die Eltern des Geburtstagskindes und der Onkel waren in Tarnanzügen gekleidet. Sie hatten eigene Gewehre und nicht die billigen zum Ausleihen. Die Kinder liehen sich entsprechende Schutzkleidung aus, sofern nicht vorhanden. Jeder Teilnehmer musste eine Schutzbrille tragen. Verstöße werden sofort mit Verweis geahndet. Es wurden Teams aufgestellt, die gegeneinander kämpften und Farbpatronen verteilt. Jedes Team hatte eine eigene Farbe. Die Kinder hatten einen riesigen Spaß und waren nach ein paar Stunden fix und fertig.

29 Feiertage

Bei der Schilderung von Erlebnissen während eines Auslandsaufenthaltes darf die Beschreibung der wichtigsten amerikanischen Feiertage natürlich nicht fehlen. Memorial Day und Veterans Day lasse ich dabei außen vor. Memorial Day ehrt die Gefallenen des Militärs, Veterans Day ehrt alle Angehörigen der Streitkräfte.

Fangen wir mit Thanksgiving an, dem wichtigsten amerikanischen Feiertag. Er wird immer am vierten Donnerstag im November gefeiert. Normalerweise macht man sich ein langes Wochenende und nimmt den Freitag zusätzlich frei. Schulen haben in dieser Woche geschlossen. Zu Thanksgiving ist Hauptreisezeit und an den Flughäfen ist mehr Betrieb als das ganze Jahr über. Thanksgiving ist das Familienfest, zu dem die Verwandten aus der Nähe oder aus anderen Bundesstaaten anreisen, um gemeinsam im großen Kreis zu feiern. Häufig werden zusätzlich Freunde oder Bekannte eingeladen. Die Vorgärten sind mit Kürbissen, Strohpuppen und Heuballen dekoriert. Auch wenn die meisten Familien nicht mehr viel zu Hause kochen, an diesem Tag tun sie es stundenlang, um ein üppiges Festessen für mehrere Generationen vorzubereiten. Es gibt den traditionellen Truthahn in allen Variationen, Kartoffelpüree, Rotkohl und viele andere Beilagen. Zum Dessert darf die Pumpkin Pie nicht fehlen, ein süßer Kürbiskuchen.

Vor den Ferien gibt es in der Schule ein Thanksgiving Essen, zu dem die Eltern und Großeltern ausdrücklich eingeladen sind. Es gibt natürlich mit allerlei wohlschmeckenden Beilagen. Das ist eine willkommene Abwechslung zu dem Einheitsmapf, den es das ganze Jahr über gibt. Die Jahrgänge essen zeitversetzt. Als beide Kinder noch in der Grundschule waren habe ich deshalb die Gelegenheit genutzt, zweimal zu essen, im Abstand von einer Stunde. Herrlich! Um Platz für Schüler und Eltern zu schaffen sind Tische auch in den Hallways aufgebaut. Es ist ein riesiges Spektakel. Die Kinder, die kein hochwertiges Essen gewöhnt sind, bekommen von den Eltern Hamburger und Pommes mitgebracht, damit alle am Thanksgiving Essen teilnehmen können.

Halloween ist das Gruselfest, das am 31. Oktober gefeiert wird. Halloween kommt ursprünglich aus Irland. Ich habe selten so fantastisch dekorierte Vorgärten in unserer Nachbarschaft gesehen wie zu Halloween. Die Nachbarn investieren mehrere Tage, um ihren Vorgarten in gruselige Friedhöfe zu verwandeln. Grabsteine, Kreuze und halb im

Erdreich vergrabene Skelette gehören zu Halloween genauso dazu wie beleuchtete Kürbisse mit ausgeschnittenen Fratzen und Hexen. Lichterketten werden im Garten und am Hauseingang aufgehängt, Grabsteine werden zusätzlich beleuchtet. Die Kinder der Nachbarschaft gehen verkleidet von Tür zu Tür und drohen mit „trick or treat" einen Streich zu spielen, wenn sie keine Süßigkeiten bekommen. Die Kinder werden von ihren Eltern begleitet, die sich in ausreichendem Abstand halten. Besuch von Kindern zu Halloween ist ausdrücklich willkommen, wenn die Lampe an der Haustür brennt. Ist die Leuchte an diesem Abend nicht eingeschaltet, möchte man nicht gestört werden. Unsere Kinder wurden auf ihrem Feldzug durch die Nachbarschaft, selbst Opfer eines Streiches. Ein Nachbar hat sich im Schaukelstuhl hinter einem Gebüsch versteckt und die Kinder mit verstellter Stimme erschreckt. Andere Nachbarn haben ihren Vorgarten mit Bewegungsmeldern ausgestattet, so daß gruselige Stimmen erklingen, wenn sich jemand nähert. Nachdem sich jeder von seinem Schrecken erholt hat, gibt es einen Sack Süßigkeiten. In der Schule gibt es Wettbewerbe um den schönsten Halloween Kürbis.

Weihnachten ist natürlich kein typisch amerikanischer Feiertag, aber das was die Amerikaner daraus machen ist schon beispiellos und wunderschön. Weihnachten ist der Wettstreit um die höchste Stromrechnung in der Nachbarschaft. Die Häuser erstrahlen vom Erdgeschoß bis zum Dach in einem Lichtermeer, im Vorgarten werden Bäume, Gebüsche und Hecken liebevoll mit Lichterketten drapiert. Unser Viertel sieht zur Weihnachtszeit fantastisch aus. Ich dachte mir, wenn man schon mal in den USA Weihnachten feiert, dann wird das Haus genauso dekoriert wie in der Nachbarschaft üblich und trat bereitwillig in den Wettstreit ein. Ich deckte mich im Baumarkt mit mehreren hundert Metern Lichterketten ein, 2 kitschigen Rehen für den Vorgarten, Stromverteilern, Outdoorkabeln und Zeitschaltuhr. Stundenlang wurden Lichterketten an der Dachrinne entlang montiert – bei 20°C und in kurzen Hosen. Die Kinder halfen bereitwillig dabei, Lichterketten um unsere Palmen zu wickeln. Am Abend sah unser Haus und der Vorgarten traumhaft aus. Bis zum nächsten Regen. Die Outdoorkabel sind zwar dicker als die Kabel für den Innenbereich, die Steckverbindungen sind aber genauso ausgeführt. Stecker und Buchse liegen bündig aufeinander und können nicht ineinander gesteckt werden. Deshalb sind die Steckverbindungen nicht wasserdicht. Elektrisch befindet sich das Land im Mittelalter. Wir haben dann alle Steckverbindungen in Plastiktüten gehüllt und mit Klebeband zugeklebt. Das hat funktioniert, bis unsere Gärtner kamen - wie immer unangemeldet. Selbst heavy duty Outdoorkabel sind einem Mexikaner auf einem Rasenmäher nicht gewachsen. Wer sich vor der Dekorationsarbeit scheut, kann Hilfskräfte anheuern, die ihre Dienstleistung auf Schildern oder Zettel an größeren Kreuzungen anbieten.

Ein Highlight an Weihnachten war immer der Besuch meiner Schwiegermutter. Die Kinder haben sich riesig gefreut, Oma einmal im Jahr an Weihnachten zu sehen. Alle zusammen fuhren wir nach Houston, um uns im Wortham Center den Nussknacker anzusehen. Ich hatte rechtzeitig Karten in der mittleren Preiskategorie vorbestellt, 100 Dollar das Stück. Bei der Bestellung wird man gefragt, ob man noch ein paar Hundert Dollar spenden möchte, weil der Eintrittspreis nur ein Drittel der Kosten deckt. Ich lehnte dankend ab und sehnte mich nach subventioniertem, deutschen Kulturbetrieb. In einem Jahr mussten wir bangen, ob Christine es rechtzeitig zu Heiligabend nach Hause schafft, sonst hätten wir mit Oma alleine feiern müssen. Christine hatte ihren Pass eine Woche zuvor auf dem Flughafen in Frankfurt verloren. Sie musste sich auf dem Rathaus einen Ersatzreisepass ausstellen lassen. Das größere Problem war jedoch, das Ersatzvisum des amerikanischen Konsulats rechtzeitig zu bekommen. Aber, alles nochmal gut gegangen, sie kam mit der letzten Maschine in Houston an, danach hat der Flughafen dicht gemacht.

Weihnachtsbäume, das war eine bittere Erfahrungen, werden nicht kurz vor Weihnachten gekauft, sondern um Thanksgiving herum. Kurz vor Weihnachten gibt es nur noch erbärmliche Exemplare, die fast keine Nadeln mehr haben. Aber wir haben für das darauffolgende Jahr gelernt. Seit dem haben wir einen wunderschönen, weißen Weihnachtsbaum aus dem Baumarkt. Immer frisch und zusammen klappbar. Weihnachten bei sommerlichen Temperaturen zu feiern ist allerdings ein bißchen gewöhnungsbedürftig.

30 Summer Camps

Summer Camps sind Veranstaltungen während der drei Monate dauernden Sommerferien, die von Clubs, Universitäten, dem YMCA oder von der Gemeinde angeboten werden. Der Bedarf ist groß, weil die Eltern nur 10 Tage Urlaub im Jahr haben und die Ferien irgendwie überbrückt werden müssen. Ansonsten müssen die Großeltern einspringen, wenn sie in der Nähe wohnen.

Die Camps laufen in der Regel 4 bis 5 Tage und kosten im Durchschnitt 100 Dollar. Wenn man die Kinder die gesamten Ferien über mit Summer Camps bei Laune halten will, muss man ordentlich in die Tasche greifen. Das Angebot für die Schüler ist riesig groß und die Erwartungen der Eltern sind, wenn sie schon Geld ausgeben, hoch. Es gibt Summer Camps für alle Sportarten wie Soccer, Segeln, Tennis, Baseball, Football oder Schwimmen. Die Universität Houston bildet ein regelrechtes Fortbildungsprogramm für alle Altersklassen an. Das sind zum Beispiel Kurse in unterschiedlichen Programmiersprachen, Webdesign, Design und Programmieren von Videospielen und Naturwissenschaften.

31 Im Krieg

Das Militär ist, gerade in Texas, allgegenwärtig. Als ich die ersten Autoaufkleber
der Eltern auf dem Schulparkplatz gesehen habe, war ich zunächst befremdet. Zum Beispiel: "My Grandchild is a Navy Seal", "My
Daughter is in the Air Force", oder „We are the
Proud Parents of a Marine". Als ich Freunden in
Deutschland von dem Aufkleber "I'm an Army
Wife" erzählte fragte eine Freundin verwirrt, was
das denn heißen soll. Ein Freund antwortete
schlagfertig: "Na, sie ist allein zu Hause!".

Angehörige der Armee (Service Members) sind
Helden und werden überall verehrt. Auf die Armee sind sie mächtig stolz. Keiner – außer ein paar
fehlgeleiteten, intellektuellen Liberalen, käme auf
die Idee, die Einsätze des Militärs in Frage zu stel-
len. Das Militär ist allzeit präsent. Sie gehören zum
Selbstverständnis der Nation. Im Landschaftsbild
sieht man überall Gedenkstätten und Ehrentafeln.
In den Parks sieht man Portraits von Soldaten der
jeweiligen Heimatstadt. Als ich mit unserem
Freund, der aus Deutschland zu Besuch war, an einem der Gedenksteine vorbeifuhr fragte er: „Matthias, das ist das andere Russland hier, stimmt's?".

In der Schule gibt es den Veterans Day, bei dem, nach der obligatorischen Nationalhymne, die Soldaten der Stadt geehrt werden. Es dürfen Veterans aus dem Schulbezirk von ihrem Kampf da draußen für Freiheit und Demokratie referieren. Veteranen sind hier übrigens alle Ex-Soldaten, nicht nur diejenigen, die im Krieg waren.

Das Verteidigungsbudget der USA lag in 2013 bei 640 Mrd Dollar, das von China lag bei geschätzten 188 Mrd Dollar und das von Russland bei geschätzten 88 Mrd Dollar [75]. Die USA und China geben zusammen genauso viel Geld für das Militär aus wie alle anderen Staaten der Erde zusammen. Das Militär ist eine riesige Arbeitsbeschaffungsmaschine, einschließlich der zahlreichen privaten Firmen, die durch den Verteidigungshaushalt finanziert werden. Das US-Verteidigungsministerium ist der größte Arbeitgeber der Welt [76], gefolgt von der chinesischen Befreiungsarmee und Walmart. Eine große Anzahl von jungen Menschen finanzieren ihr Studium über eine vorübergehende Tätigkeit in der Armee. Tatsächlich befinden sich die USA immer irgendwo auf der Welt im Krieg und unterhalten außerhalb der USA mehr als 580 militärische Einrichtungen [77].

Die New York Times hat neben den üblichen Ressorts wie Politik, Wirtschaft, Kunst und Kultur eine Rubrik, die sich "At War" nennt. Hier werden Berichte über die jeweiligen Kriegsschauplätze der Streitkräfte veröffentlicht.

32 Quellenverzeichnis

[1]   School District Map, National Center for Educati-
        on Statistics, http://nces.ed.gov, abgerufen: May
        2012

[2]   National Blue Ribbon Schools, US Department of
        Education, http://www.nationalblueribbon-
        schools.com, abgerufen: May 2012

[3]   Geert Hofstede: Culture's Consequences: Interna-
        tional Differences in Work Related Values, SAGE
        Publications, Beverly Hills, USA, 1984, ISBN
        0803913060

[4]   Faared Zakaria: The Post-American World, W. W.
        Norton & Company, 2012, ISBN 0393340384

[5]   NATO Plans for Donald Trump's Short Attention
        Span: Report, Newsweek, http://www.news-
        week.com/nato-trump-attention-span-short-
        609576, abgerufen: September 2017

[6]   Casey Chan: The White House says you can use
        the Metric System if you want to, Gizmodo, May
        2013

[7]   Nathan Koppel: Texas set to approve open carry
        of handguns, seen as win for gun-rights activists,
        Wall Street Journal, April 2015

[8] Self-Employment Rate , OECD, http://data.oecd.org/emp/self-employment-rate.htm, abgerufen: 2013

[9] Lawrence Lessig: Republic, Lost - How Money Corrupts Congress, Twelve; Reprint edition (October 2, 2012), 2012, ISBN 0446576441

[10] Barry C. Lynn: Cornered - The new Monopoly Capitalism and the Economics of Destruction, Wiley; 1 edition (December 1, 2011), 2011, ISBN 0470928565

[11] Ashley Lutz: Staples Has Some Huge Advantages Over Office Depot And OfficeMaxRead more: http://www.businessinsider.com/officemax-and-office-depot-merger-2013-2#ixzz3VSJDh4fb, Business Insider, February 2013

[12] Jim Edwards: Amazon Has Reached A Staggering Level Of Dominance When It Comes To Cloud Computing, Business Insider, August 2015

[13] Jay Greene: Amazon alters strategy to win landmark CIA contract, The Seattle Times, August 2013

[14] Pamela Druckerman: The French Do Buy Books. Real Books, New York Times, July 2014

[15] Judge Rules That Microsoft Must Turn Over Data Stored in Ireland, New York Times, https://bits.blogs.nytimes.com/2014/07/31/jud-

ge-rules-that-microsoft-must-turn-over-data-stored-in-ireland/, abgerufen: July 2014

[16] Claire Cain Miller: Google Accused of Wiretapping in Gmail Scans, New York Times, October 2013

[17] Justice Department will phase out private prisons, Los Angeles Times, http://www.latimes.com/nation/la-na-privateprisons-20160818-snap-story.html, abgerufen: August 2016

[18] Steep Costs of Inmate Phone Calls Are Under Scrutiny, New York Times, nytimes.com, abgerufen: March 2015

[19] We're not No. 1! We're not No. 1!, New York Times, http://nyti.ms/1lorERi, abgerufen: April 2014

[20] Bruce Drake: Americans' views on use of torture in fighting terrorism have been mixed, Pew Research Center, December 2014

[21] Peter Baker: The Final Insult in the Bush-Cheney Marriage, New York Times, October 2013

[22] Latonia McKinney: Fire Department Budget - Fiscal Year 2015, The Council of the City of New York, 2014

[23] Kishore Mahbubani. The Great Convergence: Asia, the West, and the Logic of One World, PublicAffairs; First Trade Paper Edition edition, 2014, ISBN 978-1610393690

[24]   Budget Request Summary – Fiscal Year 2015,
       Center for Disease Control (CDC), www.cdc.org,
       abgerufen: 2015

[25]   Financial Report and audited financial statements
       for the period 1 January 2008 - 31 December 2009,
       World Health Organization (WHO), ww-
       w.who.int, abgerufen: March 2011

[26]   Matt Stabile: How Many Americans Have A Pass-
       port?, The Expeditioner, February 2015

[27]   Fox News Apologizes For Obamacare Graphic,
       Corrects Its 'Mistake', Huffington Post,
       http://www.huffingtonpost.com/news/fox-
       news-correction/, abgerufen: March 2015

[28]   Press Freedom vs. Military Censorship, Constitu-
       tional Rights Foundation (CRF), http://www.crf-
       usa.org/, abgerufen: March 2015

[29]   Glen Greenwald: No Place to Hide: Edward
       Snowden, the NSA, and the U.S. Surveillance
       State, Metropolitan Books, 2014, ISBN
       162779073X

[30]   German journo: European media writing pro-US
       stories under CIA pressure (VIDEO), RT News,
       http://rt.com/news/196984-german-journlaist-
       cia-pressure/, abgerufen: May 2015

[31]   Xeni Jardin: Should your tax dollars stop funding
       PBS?, Boing Boing, 2012

[32]   unknown author: Global status report on road
        safety 2013: supporting a decade of action, WHO
        Library Cataloguing-in-Publication Data:, 2013

[33]   United States — Gun Facts, Figures and the Law,
        University of Sidney School of Public Health,
        http://www.gunpolicy.org/firearms/region/uni
        ted-states, abgerufen: August 2017

[34]   unknown author, Educational Planning Guide
        2015-2016 - A Catalogue of Intermediate School
        Courses,August, 2012

[35]   Manfred Spitzer: Digitale Demenz: Wie wir uns
        und unsere Kinder um den Verstand bringen,
        Droemer HC, 2012, ISBN 3426276038

[36]   several authors: Our World Today - People, Pla-
        ces and Issues, Glencoe / McGraw-Hill, 2003,
        ISBN 9780078280849

[37]   Writing to the Standards: Reviews of Proposed
        Social Studies Textbooks for Texas Public
        Schools, Texas Freedom Network Education
        Fund, tfn.org/TextbookReview, abgerufen: Sep-
        tember 2014

[38]   Dylan Baddour: Texas has lowest health insuran-
        ce coverage rates, official data shows, Houston
        Chronicle, March 2015

[39]   Steven H. Woolf, Laudan Aron: U.S. Health in In-
        ternational Perspective: Shorter Lives, Poorer He-

alth, The National Acadamies Press, Washington D.C., 2013

[40] The Social Progress Index, Social Progress Imperative, http://www.socialprogressimperative.org, abgerufen: March 2015

[41] Several: (OECD 2013) Health at a Glance 2013 - OECD Indicators, OECD Publishing, 2013, ISBN 978-92-64-20502-4

[42] Obesity rate almost doubles in Texas, report finds, Houston Chronicle, chron.com, abgerufen: July 2011

[43] Lawsuit Exposes Unsafe PCB Contamination of Several Popular Fish Oil Supplements, Fishoil Blog, , abgerufen: March 2010

[44] Anahad O'Connor: Study Warns of Diet Supplement Dangers Kept Quiet by F.D.A., New York Times, April 2015

[45] Gago-Dominguez M, Castelao JE, Yuan JM, Yu MC, Ross RK: Use of permanent hair dyes and bladder-cancer risk, , 2001

[46] Opinions SCCP (Scientific Committee on Consumer Products), European Commission, http://ec.europa.eu/health/scientific_committees/consumer_safety/opinions/sccp_opinions_en.htm, abgerufen: May 2015

[47] Prohibited & Restricted Ingredients, Food and Drug Administration (FDA), https://www.f-

da.gov/Cosmetics/GuidanceRegulation/LawsRe
gulations/ucm127406.htm#differentingredients,
abgerufen: September 2017

[48] Mark Schapiro: Exposed - The Toxic Chemistry of
Everyday Products and what's at Stake for Ame-
rican Power, Chelsea Green Publishing, 2009,
ISBN 1603580581

[49] Sarah Maslin Nir: Perfect Nails, Poisoned Wor-
kers, New York Times, May 2015

[50] US-Tabakkonzern verklagt Uruguay auf 15 Millionen US-Dollar, Mondial 21 e.V., www.ameri-
ka21.de, abgerufen: August 2014

[51] Michael Vincent, Michael Brissenden: TPP could
expose Australia to massive health costs, negotia-
tor says, , March 2015

[52] Interview with Sen. Warren On The 'Tilted Pro-
cess' Of Asia Trade Bill (TPP) on News 88.7 Mor-
ning Edition, NPR-KUHF Houston Public Radio, ,
abgerufen: May

[53] Tyler James Wiltgen: An Economic History of the
United States Sugar Program, , August 2007

[54] Slaughter, What's in the Beef? Survey Results An-
tibiotics in the food you buy,February, 2012

[55] Hilary Parker: A sweet problem: Princeton
researchers find that high-fructose corn syrup
prompts considerably more weight gain, Princen-
ton University, 2010

[56]   Séralini G-E, Clair E, Mesnage R, Gress S, Defarge
        N, Malatesta M, Hennequin D, de Vendômois J-S:
        Long term toxicity of a Roundup herbicide and a
        Roundup-tolerant genetically modified maize,
        Elsévier, 2012

[57]   Peter Saunders: Retracting Séralini Study Violates
        Science and Ethics, Institute of Science in Society,
        December 2013

[58]   Nancy Swanson: Scientists outraged at journal re-
        traction of GMO rat study, Examiner.com, De-
        cember 2013

[59]   Unethical Journal Retraction Fuels Mistrust in
        GMO Science, Organic Consumers, https://ww-
        w.organicconsumers.org/news/unethical-jour-
        nal-retraction-fuels-mistrust-gmo-science, abge-
        rufen: December 2013

[60]   Séralini, Gilles-Eric; Clair, Emilie; Mesnage, Ro-
        bin; Gress, Steeve; Defarge, Nicolas; Malatesta,
        Manuela; Hennequin, Didier; de Vendômois,
        Joël.: Republished study: long-term toxicity of a
        Roundup herbicide and a Roundup-tolerant ge-
        netically modified maize, , 2014

[61]   Dariush Mozaffarian, Martijn B. Katan, Alberto
        Ascherio, Meir J. Stampfer, Walter C. Willett:
        Trans Fatty Acids and Cardiovascular Disease,
        Massachusetts Medical Society, 2006

[62]   Stender S, Dyerberg J: Influence of trans fatty acids on health, Karger Medical and Scientific Publishers, 2004

[63]   Nneka Leiba, MPH, Analyst; Sean Gray, MS, Senior Analyst; Jane Houlihan, MSCE: 2011 Bottled Water Scorecard, Environmental Working Group, 2011

[64]   Reducing Toxic Pollution from Power Plants - Final Mercury and Air Toxics Standards (MATS), Environmental Protection Agency (EPA), http://www.epa.gov/mats, abgerufen: December 2011

[65]   National Listing of Fish Advisories, EPA National Fish and Wildlife Contamination Program, www.epa.gov, abgerufen: July 2011

[66]   unknown author: Characterization of Potential Adverse Health Effects Associated with Consuming Fish fromGalveston Bay, Department of State Health Services Division for Regulatory Services, 2013

[67]   David L. Lakey: Fish and Shellfish Consumption Advisory ADV-48, Texas Departemnt of State health Services, May 2013

[68]   Jan Burck, Franziska Marten, Christoph Bals: The Climate Change Performance IndexResults 2015, , 2015

Quellenverzeichnis

[69] Thomas Kaplan: Citing Health Risks, Cuomo Bans Fracking in New York State, New York Times (NYT), December 2014

[70] Carey Gillam: Oklahoma Scientists Say Earthquakes Linked To Oil And Gas Work, Reuters, Huffington Post, April 2015

[71] Renee Lewis Kosnik: The Oil and Gas Industry's Exclusions and Exemptions to Major Environmental Statutes, Oil & Gas Accountability Project, October 2007

[72] Luke Metzger: ExxonMobil Faces Clean Air Act Lawsuit for Violation at Nation's largest Refinery, Environment Texas, 2010

[73] Jeanne Briskin: Progress Update:EPA's Study of the Potential Impacts of Hydraulic Fracturing on Drinking Water Resources, Environmental Protection Agency, 2012

[74] Lauren Pagel, Lisa Sumi: Loopholes for Polluters -the oil and gas industry's exemptions to major environmental laws, Earthworks - Oil and Gas Accountability Project, May 2011

[75] Sam Perlo-Freeman, Carina Solmirano: Trends in World Military Expenditure 2013, Stockholm International Peace Research Institute (SIPRI), May 2013

[76] The World's Biggest Employers, Forbes Magazine, https://www.forbes.com/sites/niallmccar-

thy/2015/06/23/the-worlds-biggest-employers-infographic/#3ee8a412686b, abgerufen: June 2015

[77]   unknown author: Base Structure Report Fiscal Year 2015 Baseline, Department of Defense, May 2015

Quellenverzeichnis

Zeitfracht Medien GmbH
Ferdinand-Jühlke-Straße 7
99095 Erfurt, Deutschland
produktsicherheit@kolibri360.de